*»Schwing dich aus allem heraus,
was dich beengt.«*

Bettina von Arnim

Susanne Seethaler

Von einer, die auszog,
ein besserer Mensch zu werden

Susanne Seethaler

Von einer, die auszog, ein besserer Mensch zu werden

*Ein Jahr Auszeit
auf der Alm, im Zen-Kloster,
beim Entrümpeln …*

nymphenburger

Für Fischerhude
und für Gangaji

© 2012 nymphenburger in der
F.A. Herbig Verlagsbuchhandlung GmbH, München
Alle Rechte vorbehalten.
Umschlag und Motiv: www.atelier-sanna.com, München
Satz: Buch-Werkstatt GmbH, Bad Aibling
Gesetzt aus: 10,6/14 pt Sabon
Druck und Binden: GGP Media GmbH, Pößneck
Printed in Germany
ISBN 978-3-485-01392-5

www.nymphenburger-verlag.de
www.susanneseethaler.de

Inhalt

Wie alles begann

Prolog

Seit vielen Jahren spüre ich eine Art innere Sehnsucht, eine Hoffnung, die immer wieder aufs Neue genährt wird, dass es im Leben doch mehr geben muss als all die Oberflächlichkeiten, mit denen nicht nur ich mich tagtäglich mehr oder weniger herumschlage. Die Frage, ob es Wege gibt, die mich innerlich zufriedener machen könnten und in der Folge vielleicht auch die Menschen in meiner unmittelbaren Umgebung ein bisschen glücklicher, beschäftigte mich schon als junge Frau. In den letzten Jahren verdichtete sich diese Suche nach dem »Sinn des Lebens«, um es mal salopp zu formulieren, und so wuchs in mir der Wunsch nach einem »besseren Leben«, das mich im besten Falle auch noch zu einem »besseren Menschen« im Umgang mit mir selbst und auch mit meiner Umwelt machen würde.

Um es gleich zu Beginn vorwegzunehmen, ich bin in der Tiefe meines Herzens kein schlechter Mensch, vermutlich genauso wenig wie Sie selbst! Wie die allermeisten versuche ich, jeden Tag mein Bestes zu geben, auch wenn der Schuss zuweilen nach hinten los geht, sich Gelassenheit so gar nicht einstellen will und ich mich und auch andere ungewollt verletze oder gar vor den Kopf stoße. Doch auch wenn ich eher zur unauffälligen Fraktion der Gattung Mensch gehöre und somit im Allgemeinen nicht mit rüpelhaftem Verhalten in der Öffentlichkeit auffalle, mich also zu benehmen weiß und eine überwiegend freundliche Zeitgenossin bin, existieren in mir, wie in jedem anderen Menschen vermutlich auch, Untiefen und dunkle Stellen, denen ein bisschen Licht nicht schaden könnten.

Auch meine äußere Lebensform böte durchaus genügend Potenzial, sich zu entwickeln, zu verbessern und zu verändern, um mir selbst und mit Sicherheit auch meiner Umwelt gutzutun. Es gibt in jeder Lebenslage die Möglichkeit, ein besserer Mensch zu werden, sei es nun durch einen umsichtigen Wasserverbrauch in den häuslichen vier Wänden, beim Einkaufen im Supermarkt oder durch einen liebevolleren Umgang mit sich selbst.

Parallel zu meiner eigenen Suche begannen mich andere Lebensentwürfe jenseits des gängigen Mainstreams und vor allem auch außergewöhnliche Menschen, denen ich nun vermehrt begegnete und die sich ein bewussteres Leben auf ihre Fahnen geschrieben hatten, zu faszinieren. Im Laufe der vergangenen Jahre und im Rahmen meiner Recherchen für das eine oder andere Buch hatte ich bereits immer wieder Menschen kennengelernt, die sich bewusst für ein einfaches und in ihren Augen auch »besseres« Leben entschieden hatten und deren Ausrichtung nicht bestimmt war von immer größer werdendem Druck, tagtäglicher Hektik und dem Anhäufen von mehr und mehr Besitztümern. Diese Menschen übten eine immer stärkere Anziehungskraft auf mich aus.

Angefangen bei meiner Schwester, die eines Tages uns, nämlich die gesamte Familie und ihren Freundeskreis, vor vollendete Tatsachen stellte, um allen mitzuteilen, dass sie fortan jeden Sommer auf einer Alm in den Bergen leben würde, um dort Kühe, Hühner und Schweine zu versorgen. Da unsere Eltern keinen Bauernhof und auch sonst mit Landwirtschaft nichts am Hut hatten, besuchte meine Schwester dazu extra – und ausgesprochen mutig, wie ich finde – einen Almlehrgang in der nächstgelegenen Stadt, um sich dann mit ihrem neu erworbenen Wissen bei einem jungen Bauern im Ort zu bewerben, von dem sie wusste, dass er auf der Suche nach einer Sennerin war. Und schon ging es mitsamt Wiederkäuern, der kleinen Sau Emma, die im Laufe der Sommermonate richtig dick werden würde, und einer Handvoll Federvieh erstmals hinauf in die Berge. Dass solch ein Leben auf der Alm nicht einfach, sehr anstrengend und im wahrsten Sinne des Wortes karg ist und dass dabei von romantischer Idylle oft weit und breit nichts zu spüren ist, das wurde meiner Schwester dann allerdings relativ schnell klar – und mir auch, als ich sie im letzten Jahr für mein Vorhaben, nämlich herauszufinden, ob ein einfaches Leben auch tatsächlich auch ein »besseres« Leben ist, ein paar Wochen lang dort oben begleiten durfte.

Trotz aller Widrigkeiten bleibt sie nach wie vor am Ball und behauptet sich mit jedem Almsommer neu, um sich den äußeren Herausforderungen und den oft sehr harten Bedingungen zu stellen. Parallel dazu entwickelte sie über die vielen Jahre hinweg, die sie nun schon als Sennerin ihre Frau steht, eine stille Zufriedenheit durch den täglichen Umgang mit ihren Tieren, die ihr Gesicht tief von innen heraus erstrahlen lässt. Ihr Mut, sich neu auszuprobieren, sich nicht mit den gegebenen Umständen zufriedenzugeben und aus der »normalen« Arbeitswelt auszusteigen, um – wenigstens auf Zeit – ein Leben in schlichter Einfachheit zu leben, imponieren mir nach wie vor sehr.

Inspiriert durch ihr Vorbild, reifte immer mehr der Entschluss in mir, mich eine Zeit lang auf die Suche nach der Einfachheit zu begeben, worunter ich mir zu Beginn des Experiments in der Tiefe recht wenig vorstellen konnte. In einem Zeitraum von ca. einem Jahr, das Ganze sollte doch in einem überschaubaren Rahmen bleiben, wollte ich das einfache Dasein und ein damit vielleicht einhergehendes besseres Leben, das bestimmt sein sollte von Liebe,

Schlichtheit und Freundlichkeit – so oder so ähnlich stellte ich es mir jedenfalls vor –, sowohl im Innen wie im Äußeren ausprobieren und am eigenen Leib erfahren.

Ich wollte herausfinden, ob ich unter einfachsten Bedingungen leben konnte und wie es sich anfühlt, auf vieles, was für einen modernen Menschen zum Alltagsleben dazugehört und als zwingend notwendig erachtet wird, zu verzichten. Ich suchte zunächst die Einsamkeit ganz allein oben in den Bergen, um vollkommen auf mich gestellt in einer Hütte zu leben. Dann ging ich einem kalifornischen Zenmeister beim Kochen zur Hand. Ich brannte darauf, auf der Alm mit meiner Schwester die Butter fürs Brot selbst herzustellen und im Tal drunten den Versuch zu starten, meine eigenen vier Wände zu entrümpeln. Außerdem schrubbte ich achtsam Klos in einem Zenkloster in Frankreich. Ich begann, meine Wäsche mit indischen Waschnüssen zu waschen, und startete den zuweilen recht kläglichen, manchmal jedoch auch von Erfolg gekrönten Versuch, auf Auto, Fernseher, Handy und andere Annehmlichkeiten der Neuzeit zu verzichten. Dabei übte ich mich – zugegebenermaßen anfangs noch recht holprig – in Nächstenliebe, indem ich z. B. Dinge, an denen mein Herz sehr hing und die schon lange in meinem Besitz waren, an Freunde verschenkte. Außerdem meditierte ich vier Wochen lang ununterbrochen schweigend, also ohne auch nur ein einziges Wort von mir zu geben, in einem amerikanischen Meditationszentrum.

Über all dem schwebte stets die Frage: Ist dies für mich eine Möglichkeit, mich innerlich und auch in Bezug auf die äußeren Umstände meines Lebens freier und im Großen und Ganzen liebevoller zu fühlen?

Um es nun schon einmal kurz vorwegzunehmen: Allzu oft hat mir im Rahmen dieses zwölfmonatigen Selbstversuches mein innerer Schweinehund in Sachen Einfachheit und innerer Herzensöffnung leider ein Schnippchen geschlagen und ich bin wahrlich nicht selten gescheitert. Dennoch entdeckte ich auch ungeahnte Freiheiten, die bewusster Verzicht hier und da und ein einfacheres und natürlicheres Leben im Allgemeinen mit sich bringen können. Der Versuch, mein Leben schlichter und in Folge dessen gesünder, besser und in gewisser Weise sogar reicher und erfüllter zu gestalten, hat sich in jedem Fall gelohnt!

Ob ich nun aber wirklich ein besserer Mensch geworden bin, das mögen andere beurteilen. Es wäre schön, wenn ich bei meinen Mitmenschen zumindest manchmal diesen Eindruck hervorrufen könnte. Ein erster Schritt in diese Richtung ist durch dieses Experiment jedenfalls für mich getan. Es braucht zuweilen eine gehörige Portion Mut, um sich selbst und das Leben, das man gerade führt, in Frage zu stellen. Neugierde und Kampfgeist sind gefragt, um die eigenen Lebensgewohnheiten auf ihre Authentizität und Wahrheit hin zu überprüfen und den eingefahrenen, vielleicht sogar recht ungesunden Trott zu durchbrechen.

Mein persönlicher Tipp ist: Bewahren Sie sich auf alle Fälle Ihren Humor, falls Sie sich demnächst auch aufmachen wollen, ein besserer Mensch zu werden. Mit einem Lächeln auf den Lippen lebt sich's in vielerlei Hinsicht einfach leichter und im wahrsten Sinne des Wortes auch besser.

Susanne sucht die Einsamkeit

Ohne Strom und Wasser in den bayerischen Bergen

Um mir den Einstieg in die Einfachheit etwas leichter zu gestalten, beschloss ich, zunächst einen Ort aufzusuchen, der mir von Kindheit an vertraut ist. Schon als kleines Mädchen stieg ich mit meinen Eltern und meiner Schwester regelmäßig hinauf in die Berge, um in einer kleinen Hütte die Ferien oder auch nur das Wochenende zu verbringen. In der Regel begleiteten uns Freunde und Spielkameraden mit hinauf und so war die Hütte immer bis unters Dach voll mit Menschen. Meine glücklichsten Kindheitserinnerungen sind mit diesen Sommern und Wintern in den Bergen verbunden. So lag es nahe, meinen Selbstversuch auch dort oben in vertrauter Umgebung zu starten.

Der Weg zur Hütte hinauf ist streckenweise recht steil und für Ungeübte zuweilen beschwerlich. Die kommenden zehn Tage allein auf mich gestellt und in Einfachheit zu verbringen, bedeutet also in erster Linie erst einmal eine riesige Schlepperei. Mit einem Rucksack auf den Schultern, der zweiundvierzig Liter fasst und der bis oben hin vollgestopft ist, quäle ich mich in die Höhe. Für mein Experiment habe ich mir vorgenommen, nur das Nötigste für die Zeit hier oben einzupacken. Aber was ist das Nötigste? Ist das nicht individuell sehr verschieden? Klar, Kleidung zum Wechseln und genügend Lebensmittel, damit ich nicht Hunger leide, das muss alles mit und gehört einfach zum Standard! Aber dann wird es schon schwieriger: Klopapier fürs Plumpsklo steckt ganz unten im Rucksack, denn obwohl ich schon zigmal in Indien gewesen bin und mit den Toilettengewohnheiten dort vertraut bin, habe ich immer noch Schwierigkeiten damit, lediglich die linke Hand und ein bisschen Wasser nach dem großen Geschäft zu benutzen. Andererseits nehmen die blöden Rollen auch ganz schön viel Platz weg.

Da bleibt umso weniger Raum für meine Bücher! Ich bin nämlich einer jener schrulligen Zeitgenossen, die überallhin Bücher oder anderes Gedrucktes mit sich schleppen. Für mich sind Bücher Freunde, die mich auf meinen Wegen und Reisen schon von Kindheit an begleiten, vielleicht auch deswegen, weil ich als Kind eine klassische kleine Leseratte gewesen bin, die selten ihre Nase vor die Tür gesteckt hat. Tja, und jetzt habe ich den Salat, denn ich brauche schließlich eine Auswahl an Büchern, da ich ja nicht wissen kann, nach welchem Autor mir in der Einsamkeit gelüsten wird.

Nach langem Hin und Her habe ich mich für drei Bücher entschieden, die nun den beiden Klopapierrollen in den Tiefen des Rucksacks Gesellschaft leisten. Dafür habe ich auf die exzellente Flasche Rotwein verzichtet. Ich packe also die Gelegenheit beim Schopfe, um mich gleich auch noch ein bisschen im Verzicht auf Alkohol zu üben. Dazu sei gesagt, dass ich wirklich sehr gerne mal ein gutes Glas Wein genieße und ich mir die herrliche Gebirgskette im Abendlicht, mit mir als Rotwein schlürfende Protagonistin auf der kleinen Terrasse vor der Hütte – eingemummelt in kuschelige Wolldecken –, schon lebhaft vorstellen konnte.

Aber sei's drum. Außerdem ist es mir wichtiger, dass mir dort oben der Kaffee nicht ausgeht, und deshalb habe ich auch reichlich davon eingesteckt. Zudem gluckern mehrere Liter Milch im Tetrapak in meinem Rucksack lustig vor sich hin, als ich gerade das zweite Drittel des Berges in Angriff nehme und über eine Baumwurzel stolpere – Kaffee ohne Milch, das geht für mich gar nicht!

Der Rest des Inhalts meines Rucksacks, der nun zunehmend auf meine armen geplagten Schultern drückt, ist schnell aufgezählt: Unterwäsche zum Wechseln, warme Kleidung und Socken, Hausschuhe, Schlafsack und Waschzeug, Brot für mehrere Tage, Käse, Salami, Suppennudeln und gekörnte Brühe, Obst und Gemüse, Reis und etwas Hirse. Salz, Zucker, Olivenöl und ein paar Gewürze sind meist in einem kleinen Vorratsschrank in der Küche vorrätig, dafür sorgt liebenswürdigerweise der Hüttenwart. Und sollte mich wider Erwarten der Einsamkeitsblues überkommen, habe ich mir zudem noch etwas Nervennahrung in Form von Schokolade mitgenommen.

Das einfache Gartentor aus grob zusammengehämmerten Holzlatten quietscht leise in seinen Angeln, als ich endlich mein Ziel erreicht habe. Aus der dichten Tannenhecke, die die Hütte zum Wanderweg hin schützend abschirmt, fliegt eine putzig winzige Haubenmeise auf. Ich lasse meinen schweren Rucksack vom Rücken gleiten und atme erst einmal kräftig und erleichtert durch – puh, das wäre geschafft! Drinnen empfängt mich ungewohnte, dunkle und kühle Stille, die sich sanft auf meine Ohren legt, als hätte ich meine Gehörgänge mit Watte ausgestopft. Ich öffne alle hölzernen Fensterläden, um Licht und Wärme einzulassen, und schon fluten die Geräusche der Natur von draußen herein und füllen die beiden schlichten Räume des Erdgeschosses – Küche und Stube – mit Leben.

Ich mache mich ans Auspacken meiner Habseligkeiten. Dabei verfalle ich komischerweise augenblicklich in eine Art übertriebenen Aktionismus, als hätte ich es plötzlich wahnsinnig wichtig. Ich sortiere emsig meine mitgebrachten Lebensmittel mal hierhin und mal dorthin. Ich beziehe eines der Betten oben im Schlafraum und inspiziere den Vorratsschrank. Ich hacke Holz und rege mich über meine Vorgänger auf, die doch tatsächlich ein Stück Camembert in der Küchenanrichte zurückgelassen haben, was zur Folge hat, dass ich mich blitzartig nach Indien zurückversetzt fühle. Genauer gesagt flammt in meiner Erinnerung, und zwar eindrucksvoller als mir lieb ist, die dortige Begegnung mit einer halb verwesten Kuh auf, deren grauenhafter Gestank stark an den Inhalt des bereits erwähnten Küchenschrankes erinnert.

Der Camembert wird mit spitzen Fingern und zugehaltener Nase entsorgt. Ich werfe ihn einfach in den angrenzenden Wald hinter der Hütte. Sollen sich doch die Füchse und Dachse damit vergnügen! Schon kurze Zeit später schäme ich mich dafür, den Abfall, wenn auch im Affekt, einfach in der Natur entsorgt zu haben – hoffentlich ist es ein biologisch abbaubarer Camembert gewesen! Die armen kleinen Waldtiere, deren Mägen von dem stinkenden Zeug sicher verklebt wurden, von den Koliken will ich gar nicht reden – Asche auf mein Haupt. Ich rate also auf keinen Fall zur Nachahmung!

Als ich in meinem Aktionismuswahn schließlich auch noch damit beginne, die Suppenteller durchzuzählen – nur zur Erinnerung: Ich befinde mich allein auf weiter Flur, ein einziger Teller ist für mich in den kommenden Tagen also vollkommen ausreichend! –, beschleicht mich langsam der Verdacht, dass es mir anscheinend doch nicht so ganz geheuer ist, hier oben gänzlich ohne menschliche Gesellschaft zu sein. Und so arbeite ich wohl gerade mein Unbehagen durch hektische Betriebsamkeit einfach weg, sehr interessant!

Ich halte spontan inne und setze mich auf die windgeschützte Bank vor dem Haus. Direkt vor mir, als könnte ich ihn mit der Hand greifen, streckt sich ein imposant gezackter Gipfel in den wolkenlosen, spätnachmittäglichen Himmel. Ruhig und solide steht der Berg da und scheint mich auf seine wortlose Art willkommen zu heißen; schließlich kennt er mich ja auch schon seit Kindertagen. Ich grüße still zurück und merke, wie sich mein flatterndes Herz langsam beruhigt. Ich erinnere mich plötzlich an die kluge Frage einer Benediktinernonne, die ich irgendwann und irgendwo mal gelesen habe und die mir bis heute im Gedächtnis geblieben ist: »Kann es sein, dass wir das Ankommen und auch das Bleiben verlernt haben?« Ja, mein hektischer Aktionismus eben hat mit Sicherheit verhindert, dass ich hier in der Einsamkeit wirklich ankomme; und um bleiben zu können, ist es sicherlich ratsam, mir innerlich erst einmal zu gestatten, langsam anzukommen.

Der anfänglichen Angespanntheit weicht nun Vorfreude und kindliche Neugier. Ich werde hier oben ganz allein auf mich gestellt für ein paar Tage das Bleiben üben und schauen, was das mit mir im Innersten macht. Vielleicht finde ich ja sogar eine tiefere Antwort auf die Frage der Nonne. Allerdings geht es anscheinend nicht ganz ohne Machen und Tun und ich werde meine Zeit bestimmt nicht nur in stiller Kontemplation verbringen können, denn ein einfaches Leben ohne fließend Wasser und Strom verlangt nach ehrlicher Hände Arbeit. Ungewohnte Tätigkeiten, wie Wasserschöpfen und Holzhacken, die ich in meinem normalen Leben, inmitten einer Welt voller bequemer Lichtschalter, »Power«-Knöpfe und Wasserhähne, in der Regel nicht verrichten muss. Und just in diesem Moment macht sich mein leerer Magen bemerkbar, der nach dem langen, anstrengenden Aufstieg dringend was Anständiges und vor allem was Warmes braucht. Also geht es jetzt gleich ans Feuer machen, Holz gehackt habe ich ja Gott bzw. meinem Aktionismus sei Dank, vorher schon ein bisschen.

Als später am Abend, nach einigen Fehlzündungen, mein Topf mit Suppe langsam zu Kochen beginnt und sich draußen längst die Sonne anmutig hinter die Berggipfel verabschiedet hat, steigt in mir ein nie dagewesenes Gefühl der Weite auf. Meine Hände schmerzen zwar vom ungewohnten Halten der schweren Axt beim Spalten der Holzscheite und meine verspannten Schultern haben mir anscheinend den schweren Rucksack noch nicht ganz verziehen, aber ich spüre, welch tiefe Freude und welchen Spaß es machen kann, sich vollständig selbst zu versorgen und um wie viel freier ich mich dadurch fühle. Schon jetzt, an diesem allerersten Tag, bemerke ich, wie wenig es im Grunde braucht, um glücklich zu sein, und welch kostbaren Stellenwert beispielsweise mit einem Mal die wenigen mitgebrachten Lebensmittel bekommen, weil ich eben nicht schnell mal im Supermarkt Nachschub holen kann. Wärme, Licht, Wasser, all diese Dinge, die sonst so selbstverständlich sind und oft unbeachtet und nebenher von mir konsumiert oder benutzt werden, sind hier, zuweilen unter Aufwendung all meiner körperlichen Kräfte, Bestandteil des kleinen Glücks.

Später in der Nacht weicht dann dem schwärmerischen Feeling nacktes Entsetzen, denn als ich mich zur vorgerückten Stunde aufs Klo taste, das zugig kalt in einem kleinen Verschlag im Vorraum angesiedelt ist, erschrecke ich eine kleine Maus, die sich gerade über meinen nicht weggeräumten Brotvorrat und die Kartonverpackung der

Milch hermacht. Ich weiß nicht, wem das Herz mehr in die Hose rutscht, dem kleinen Nager oder mir. Da Mäuse aber gemeinhin keine Hosen tragen, muss wohl dann doch meine Schlafanzughose herhalten. Ich kann nämlich danach gefühlte drei Stunden lang nicht wieder einschlafen, weil meine Ohren ständig gespitzt in die pechschwarze Stille hineinlauschen; wer weiß, ob sich nächtens nicht auch noch Ratten in der Küche tummeln! Als ich mir gerade fest vornehme, beim nächsten Mal auf alle Fälle Ohrstöpsel mit einzupacken, damit ich nicht bei jedem Geräusch hochschrecke, muss ich wohl wieder eingeschlafen sein, denn das nächste, was ich verzückt wahrnehme, ist ein kleiner, vorwitziger Sonnenstrahl, der sich in aller Herrgottsfrühe durch das offene Fenster hereingeschlichen hat, um mich nun frech mitten im Gesicht wachzukitzeln.

Danach versuche ich, den Küchenherd in Gang zu bringen, um mich an meiner ersten Tasse Kaffee des Tages zu laben. Gestern Abend, als ich mir nach meinem Aufstieg noch etwas Suppe warm gemacht hatte, klappte das Feuermachen eigentlich gar nicht so schlecht, von einigen Anfangsschwierigkeiten einmal abgesehen, doch heute Morgen bekomme ich vor der Einschürklappe doch glatt eine mittelschwere Krise. Hier oben muss ich jetzt allerdings ganz allein durch meine Unleidlichkeiten und meine Ungeduld gehen. Es ist niemand da, an dem ich sie abreagieren kann, und ich kann auch keine Freundin anrufen, um ihr mein Leid zu klagen, was das ganze Vorhaben gerade echt erheblich erschwert. Ich fluche zwar laut vor mich hin, aber das juckt hier, in der über Nacht ausgekühlten Küche, niemanden. Und auch das kleine Mäuschen hat sich wohlweislich verzogen.

Als ich letztendlich meine dampfende Tasse wärmend in Händen halte und damit vor die Hüttentür trete, steigt in mir echte Dankbarkeit auf. Ich kann mich nicht daran erinnern, wann ich zuletzt etwas scheinbar so Banales wie eine schlichte Tasse Kaffee so wertgeschätzt habe. All meine Mühen, die ich aufbringen musste, um das heiße Getränk jetzt in Ruhe genießen zu können, verleihen meinem Kaffee nun zusätzlichen Genuss und Geschmack: das Schleppen des Kaffeepulvers im Rucksack den weiten Weg hier herauf, das Wasserholen aus der Quelle, das Holzhacken und Einschüren und das nächtliche Verteidigen der Milch gegen nachtaktive Nager. Zudem zeigt sich die morgendliche Landschaft in atemberaubender Schönheit und schier unberührter Pracht. Die Luft ist noch kalt und gesättigt von Schnee, der auf dieser Höhe zwar auch schon längst weggetaut ist, dessen letzte Reste aber noch glitzernd und weiß von den höheren Gipfeln herübergrüßen. Die ersten Sonnenstrahlen lecken tapfer an den Wipfeln der großen, mächtigen Tannen und versprechen einen herrlichen Frühlingstag.

Am Nachmittag sitze ich dann mit einem meiner Bücher und einem Stückchen von der mitgebrachten Schokolade erneut vor der Hütte und rekle mich in der warmen Maisonne. Mittlerweile bin ich bereits zweimal unten im Wald an der Quelle gewesen, um Nachschub fürs Kochwasser zu holen. Und ich bin mit zwei alten Plastikeimern zu einer nahegelegenen, im Sommer stark frequentierten Viehtränke gewandert, die immer randvoll mit altem Regenwasser ist, um mir dort das Wasser für die Klospülung zu organisieren. Schließlich muss ich nicht das kostbare Quellwasser für meine großen und kleinen Geschäfte verwenden, oder? Übrigens, ganz schön mühsam diese Schlepperei, denn normalerweise betätige ich, wie wir alle, nehme ich an, zu Hause einfach nur einen Knopf des Spülkastens oberhalb der Toilette und schon sind alle Anrüchigkeiten samt Klopapier auf Nimmerwiedersehen in den Tiefen der Kanalisation verschwunden. Hier oben deponiere ich schon am frühen Morgen für alle Fälle den ersten Eimer mit abgestandenem Regenwasser neben der Klotür, denn man weiß ja nie, wann die Natur ruft!

Fünf Liter brauche ich dann später mindestens, um alles runterzuspülen. Ziemlich viel, das ist mir beim Betätigen der Klospülung zu Hause nie wirklich bewusst geworden.

Und so finde ich relativ schnell heraus, dass Wassersparen nicht nur den Rücken schont, sondern auch meinen Regenwasservorrat. Ist mein Verbrauch am ersten Tag noch ganz schön hoch, beginne ich schon am zweiten Tag, sorgsamer mit den Ressourcen umzugehen, indem ich z. B. mein »kleines Geschäft« nicht gleich jedes Mal in die Tiefen der Versitzgrube – so heißt das hier benutzte Kanalisationssystem – versenke; ich sammle quasi den Tag über ein bisschen von … na, da muss ich wohl nicht näher darauf eingehen, bevor ich dann erst mit Schwung einen Eimer Regenwasser in die Schüssel kippe. Ich weiß schließlich nicht, wann sich der Himmel anschickt, meine alte Viehtränke, die übrigens aus einer verrosteten Badewanne besteht, wieder aufzufüllen. Im Moment sieht es nämlich nicht danach aus, ein fast schon unverschämt strahlendes Blau versüßt mir weiterhin meinen Aufenthalt hier oben in den Bergen.

Mittlerweile hat sich Tag drei mit erneutem Sonnenschein und fröhlichem Vogelgezwitscher eingeläutet und ich bin fast durchwegs guten Mutes. O.k., ein leichter Muskelkater vom vielen Holzhacken macht mir etwas zu schaffen und die unruhigen Nächte hinterlassen auch ihre Spuren in meinem Körper. Ich habe mich nämlich immer noch nicht an die Geräusche hier oben gewöhnt und schrecke deswegen nachts regelmäßig hoch. Nicht nur, dass meine Freundin, die kleine Maus, weiterhin in der Dunkelheit auf Nahrungssuche geht, auch andere »Gespenster« halten mich zur eigentlichen Schlafenszeit wach. So zieht sich beispielsweise das Holz, aus dem die Wände der alten Hütte gebaut sind, in den kühleren Nachtstunden stöhnend und ächzend zusammen und die mächtige Tanne, die direkt hinter dem Haus steht, wirft nachts, wenn der Wind durch die Nadeln braust, gerne mal zum Spaß mit kleinen Zweigen oder Zapfen. Die landen dann mit einem lauten Krachen auf dem Blechdach der Hütte, das sich direkt über meinem Kopf befindet. Zudem tapsen draußen zuweilen mehr oder weniger sanfte Tierpfoten hektisch durch die Finsternis und schnuppernde Nasen, immer auf der Suche nach Fressbarem, wühlen sich eifrig durch das umliegende Gehölz.

Am frühen Morgen, noch bevor die Dämmerung anbricht, werden die mitternächtlichen Geräusche dann vom fröhlichen Tirilieren unendlich vieler Vögel abgelöst, denen vor Freude über den schier explodierenden Frühling hier oben fast die kleinen Kehlen zu platzen drohen. Bereits gegen vier Uhr morgens starten die putzigen Bewohner der Lüfte ihr facettenreiches Konzert und schmeißen mich damit recht früh, aber durchaus charmant aus meinen eigenen Federn.

Und so beginne ich mich bereits nach einigen wenigen Tagen Hüttenleben kaum merklich dem Rhythmus der Natur anzupassen. Ja, ich werde hier oben doch tatsächlich zur Frühaufsteherin! Gerade die Morgendämmerung birgt für mich einen besonderen Zauber in sich, wie ich staunend feststelle. Zu Hause beginnt der Tag draußen meist ohne mich; hier oben ist nach dem Kaffeekochen erst mal nicht viel zu tun und so sitze ich bei klarem Wetter bereits um sechs Uhr warm eingepackt draußen, um der orangefarbenen Sonne beim eleganten Erklimmen der ersten, steinernen Bergflanke zuzusehen.

Vielleicht hat dieses frühe Aufstehen aber auch damit zu tun, dass ich hier in den Bergen ohne Strom lebe. Somit fallen schon mal die gängigen Reizüberfluter wie Fernseher und Computer weg und ich gehe viel früher ins Bett. Zwar schmücken kleine Solarmodule das Dach der Hütte, sodass ich abends mithilfe zweier schwacher Energiesparlampen in der Stube lesen kann, aber nach ein, zwei Stunden schmerzen mir dann so sehr die Augen, dass ich entnervt aufgebe.

Belustigt stelle ich auch fest, dass mir das Zeitgefühl hier oben etwas abhandenkommt – ein Tag reiht sich gleichförmig an den anderen –, und ich bin immer noch ganz allein. Kein Besuch versüßt mir die Einsamkeit, nur ab und zu kommt ein Wanderer des Weges und grüßt, freundlich Hut oder Kappe lüpfend, im Vorübergehen.

Nach fünf oder sechs Tagen, so genau kann ich das im Nachhinein gar nicht mehr sagen, mache ich bei einem meiner Spaziergänge rund ums Haus eine erstaunliche Erfahrung. Das Wetter hat umgeschlagen, dicke Wolken hängen in den umliegenden Bergen und verkünden Regen. Ein steter Wind rauscht durch die Bäume und lässt das Gras auf den Wiesen wogen wie ein grünes Meer. Noch fällt kein Tropfen vom Himmel und so mache ich mich auf, um vor dem ersten Schauer noch ein kurzes

Stück jenen Weges zu gehen, der an meiner Hütte vorbei zum nächstgelegenen Gipfel führt. Seit Tagen habe ich kein Wort mehr mit einer Menschenseele gesprochen und irgendwie scheint es, als hätte sich auch mein ständiger innerer Dialog etwas beruhigt. Es ist schon erstaunlich, wie viel man den ganzen Tag über im Inneren mit sich selbst spricht.

Ja, ich bin im Ganzen stiller geworden und das fühlt sich sehr gesund und entspannt an. Und so gehe ich nun langsam ein paar Schritte, das Gesicht offen in den Wind gestreckt, der sich frisch und prickelnd auf meiner Haut anfühlt. Nur ein paar Meter vom Haus entfernt, das von einer hohen Fichtenhecke umzäunt ist, hat man einen wunderbaren, unverstellten Blick auf ein prächtiges Bergpanorama, das sich von hier aus weit nach Österreich hinein streckt. Ein paar dicke Regentropfen beginnen mich zu streifen und so stelle ich mich unter einen nahen Jägerstand, der sich wackelig an eine alte, ehrwürdige Tanne lehnt.

Ich stehe einfach nur da, den Rücken an die raue Haut des Baumes geschmiegt, und genieße die Natur um mich herum – und mit einem Mal höre ich das Rauschen des Windes in den Blättern und Nadeln um mich herum hundertmal lauter als sonst. Es ist, als hätte jemand den Regler eines Lautsprechers höher gedreht. Auch meine Augen scheinen plötzlich wie blank gewischt; ich sehe alles gestochen scharf und nehme Details an den gegenüberliegenden Berghängen wahr, die sonst mit bloßem Auge für mich nicht erkennbar sind. Fast bekomme ich ein bisschen Angst, denn so viele verschiedene Tonlagen und Farben habe ich in meinem Leben bisher noch nicht gehört oder gesehen. Doch so schnell wie diese glasklaren Wahrnehmungen aufgetaucht sind, so schnell verschwinden sie auch schon wieder und ich fühle mich, als hätte sich für wenige Augenblicke ein »Grauschleier« von meinen Ohren und Augen gehoben und ich hätte diese wunderbare Welt in ihrer ganzen Pracht so wahrgenommen, wie sie wirklich ist.

Ich weiß nicht, wie lange ich danach am Stamm der alten Tanne lehne, immer noch staunend und berührt von dem, was ich gerade erleben durfte. Irgendwann beginnt es heftiger zu regnen und so gehe ich zurück in den Schutz meiner Hütte.

Von da an beginne ich, stundenlang in der Küche am Fenster zu sitzen und hinauszuschauen. Das Wetter hat sich mittlerweile bei Regen und Wind eingependelt, unterbrochen von kurzen sonnigen Momenten, in denen der Himmel aufreißt und ich mich für einen kurzen Spaziergang oder zum Wasserholen nach draußen wage. Ich kann mich mit einem Mal nicht mehr sattsehen an dem großen Berg vis-à-vis, der mit seinem zackigen Grat die Luft durchschneidet und der nur durch ein Tal von dem Ort, an dem meine Hütte steht, getrennt ist. Ich beobachte den ständigen Wechsel von Schatten und Licht, von Wolken und Nebel, der manchmal feengleich aus seinen schroffen Vertiefungen steigt und sich in den Weiten des Himmels verflüchtigt wie weißer Rauch. Ständig tut sich dort drüben etwas, mal kann ich den Gipfel unter seiner Wolkenmütze kaum erkennen, dann wieder tauchen ein paar vorwitzige Sonnenstrahlen die steinigen Flanken in weiches Licht. Und der Berg, er bleibt immer der Gleiche, scheinbar nichts und niemand kann ihm etwas anhaben. Er steht einfach nur da.

Ich selbst muss es wohl irgendwann im Laufe meines

Lebens verlernt haben, einfach nur dazusitzen und zu schauen. Nichts zu tun, wie dieser Berg – und trotzdem da zu sein. Dabei besaß ich schon als kleines Mädchen im Kindergarten die Gabe des stillen Beobachtens, nur dass dies damals nicht als erstrebenswerte Eigenschaft galt, sondern meine Eltern und Erzieherinnen eher verunsicherte und zuweilen zur Weißglut brachte. »Träumerle« wurde ich genannt; ich saß am liebsten in der Puppenecke, meine Lieblingspuppe namens Monika auf dem Schoß balancierend, und dabei hatte ich immer ein neugieriges und waches Auge auf alles, was sich um mich herum so tat und bewegte. Mitspielen und toben wollte ich selten, das machte mir eher Angst. Ich malte lieber und brachte so das Gesehene zu Papier.

Daran erinnere ich mich nun wieder, während sich mein Freund, der Berg, gerade anschickt, sich vollständig in feines, graues Wolkentuch zu hüllen. Wie wohltuend es sich anfühlt, nur zu schauen, die Füße dabei auf die warme, eiserne Umrandung des Küchenofens zu legen und ab und zu ein Holzscheit nachzulegen, damit das Feuer nicht ausgeht. Immer wieder forsche ich dabei in meinem Inneren nach der großen, ungefilterten Weite, die ich für einen kurzen Moment erleben durfte, aber sie stellt sich nicht mehr ein. Und trotzdem genieße ich seitdem eine innere Ruhe und Gelassenheit, den Blick stets auf meinen Berg gerichtet, den ich so vorher noch nicht kannte.

Meinen ersten Hüttenaufenthalt im Mai beende ich nach zehn Tagen – beseelt von einem Gefühl der Zufriedenheit. Zwar schrammte ich während dieser Zeit auch immer wieder am Rande der Verzweiflung entlang – was meist etwas mit dem Kaffeekochen am Morgen zu tun hatte –, doch alles in allem bin ich auch stolz auf mich.

Für den Beginn meines Experiments habe ich mich doch recht wacker geschlagen. Mein Lebensmittelvorrat war gut berechnet, auch wenn mir blöderweise die Schokolade vorzeitig ausging. Sogar die kleine Maus, samt Sippschaft, ist anscheinend nicht vom Fleisch gefallen. Ich habe es allerdings nicht übers Herz gebracht, die fiese Falle, eine Eigenkreation des Hüttenwarts – ich erspare allen Leserinnen und Lesern wohlweislich die Bauanleitung –, an die Maus zu bringen. Da teile ich dann doch lieber großherzig mit den possierlichen Nagern meine mitgebrachten Leckereien.

In Sachen Holzhacken habe ich es in den wenigen Tagen übrigens fast zu einer kleinen Meisterschaft gebracht. Vielleicht bin ich ja ein Naturtalent, denn meine Holzscheite sahen immer recht ordentlich aus, und überhaupt brachte ich auch den härtesten Klotz mit meiner scharfen Axt zum Spalten. Das Schönste am Holzhacken war für mich das Spüren meiner eigenen Kraft und Lebendigkeit. Der weite Schwung der Axt über meine Schulter hinweg und die Freude, die sich in einem herrlich lauten Schrei zum Ausdruck brachte, wenn sich das Holz anschickte, in einzelne Scheite auseinanderzubrechen. Der würzige Geruch von Wald und Baumharz, der den ganzen Vorraum, wo der Hackklotz steht, einhüllte, und später dann das wunderbar befriedigende Gefühl, mit den eigenen, hart erarbeiteten Holzscheiten das Feuer anzuschüren. Das alles hat mich zutiefst beglückt und erfüllt mich auch heute noch mit Stolz.

Dem umsichtigen Wassersparen sei Dank, musste ich übrigens nicht allzu oft den Abhang zur Quelle hinunterkraxeln. Und ich hatte auch wider Erwarten kein Heimweh. Im Gegenteil, im Laufe der Zeit begann ich, mein selbst erwähltes Alleinsein sehr zu genießen. Ich wurde zwar nicht eins mit der Natur, dazu bin ich anscheinend noch viel zu sehr mit meinen menschlichen Bequemlichkeiten verbunden und mit meinen Unzulänglichkeiten verstrickt, aber ich habe unter dem Jägerstand an der Tanne einen eindrucksvollen Geschmack davon bekommen, wie es sich anfühlt, sich für einen kurzen Moment der Einsamkeit und Stille, umgeben von Flora und Fauna, vollkommen hinzugeben. In den letzten Tagen, beim Beobachten meines Berges, erfuhr ich eine nie geahnte Stille in mir, die erahnen lässt, wie sich Einfachheit gepaart mit Ruhe in mir selbst anfühlen könnte. Eine Erfahrung, die ich auf alle Fälle noch vertiefen möchte … Vielleicht bietet sich im Rahmen der kommenden »Selbstversuche« noch die eine oder andere Gelegenheit dazu!

Beschwingt drehe ich nun den Schlüssel im Schloss der Hüttentür zweimal herum und schultere dann meinen wunderbar leicht gewordenen Rucksack. Spontan drehe ich mich nochmal am Gartentor um und verbeuge mich in Dankbarkeit vor dem alten Holzhaus, das mich unbeeindruckt von meinen seelischen Hochs und Tiefs ausgehalten und mich beschützt und beherbergt hat. Mir ist natürlich bewusst, dass dies erst der Anfang war, denn noch kann ich die Qualität der Einfachheit mit all ihren Facetten nur erahnen. Vor mir liegen spannende Monate, das ist sicher.

Susanne rettet Gemüse

Einfache Kocherfahrungen

mit einem Zenmeister

Ich habe mich für Anfang Juni für einen sechstägigen Kochkurs eines namhaften kalifornischen Zenmeisters und -kochs angemeldet, der einmal jährlich aus den USA über den Großen Teich herübergeflogen kommt, um uns Europäern das Geheimnis von Einfachheit und Achtsamkeit, und damit sicher auch von einem »besseren« Leben, in der Küche und am Esstisch beizubringen.

Gerade der Zenbuddhismus ist ja einschlägig bekannt für seine klaren und einfachen Formen und Riten, die uns Menschen helfen sollen, uns wieder auf das Wesentliche zu besinnen. Man denke nur an die schlichten grauen und braunen Roben der Mönche und Nonnen, an fernöstliche Teezeremonien oder an die klare Architektur japanischer Klöster und Gärten.

Und zusätzlich zu dieser klaren Schlichtheit des Zen kann ein »einfaches und besseres Leben« ja auch bedeuten, die Gelegenheit im Rahmen eines solchen Kurses beim Schopf zu packen, um mal ganz genau unter die Lupe zu nehmen, was wir täglich so alles, mehr oder weniger bewusst, zu uns nehmen – und wo ich mich vielleicht auch ganz persönlich einschränken könnte, um die Ressourcen unserer wunderbaren Erde zu schonen, ohne dabei auf die Fülle ihrer herrlichen Früchte ganz verzichten zu müssen.

All das versucht Edward Espe Brown in seinen mehrtägigen Kursprogrammen unter einen Hut zu bekommen – keine leichte Aufgabe! Kann ich mich gesund und nahrhaft ernähren, ohne die grotesk ausufernde Palette an Lebens- und Nahrungsmitteln, die in den Supermärkten der westlichen Welt feilgeboten werden, bis an die Grenze der Belastbarkeit auszureizen? Wie sieht es mit der Resteverwertung aus? Kann man die alltäglichen Arbeitsabläufe in der Küche vereinfachen, um stressfreier durch den

Tag zu kommen? Und überhaupt, wie und was kocht so ein Zenkoch eigentlich? Alles Fragen, auf die Ed Brown in den kommenden Tagen hoffentlich die passenden Antworten parat haben wird. Ich bin jedenfalls schon gespannt wie der berühmte Bogen beim Bogenschießen – auch eine Kunst des Zen!

Da ich vor gut einem Jahr bereits einige Wochen in Eds Kloster nahe San Francisco gelebt und dort auch in der Küche, im Rahmen von ehrenamtlicher Arbeit, Löffel und Messer fleißig mitgeschwungen habe, hat er mich eingeladen, ihm für die kommenden Tage in Österreich helfend zur Hand zu gehen und zu assistieren, sodass ich auch ein bisschen hinter die Kulissen eines solchen Kurses schauen kann.

Das Meditationszentrum Scheibbs, wo der Kurs einmal jährlich stattfindet, liegt in landschaftlich wunderschöner Lage, nicht allzu weit entfernt von Linz, und ist allemal eine Reise wert. Also packe ich einen kleinen Koffer, mein schärfstes Küchenmesser, das ich dem großen Meister zu Ehren »Ed« getauft habe, und meine schönsten Küchenschürzen in mein kleines Auto und mache mich auf den Weg von München nach Scheibbs. Außerdem nehme ich noch mein Zelt mit, das ich auf dem Gelände des Zentrums aufschlagen möchte; der Kurs ist restlos ausgebucht, alle Zimmer sind also belegt, und so nutze ich gleich die Gelegenheit, um mich nach meiner Hüttenerfahrung in den Bergen weiterhin in einem Leben fern von Luxus und Bequemlichkeit zu üben.

Na ja, ich versuche es, denn, um ganz ehrlich zu sein, habe ich mir für die Zeltinnenausstattung ein paar Luxuszugaben ausgedacht: Neben einem mittelgroßen, bunten Teppich werden noch eine Korbkiste, die als Nachttisch-

kästchen fungieren soll, ein zusätzliches Schaffell für raue
Nächte, eine marokkanische Hängelampe (nur zur Deko-
ration) und diverser anderer Schnickschnack fürs Auge
meine vier Wände aus wasserdichtem Nylonstoff zieren.
Außerdem reise ich grundsätzlich mit meinem kompletten Bettzeug an – wenn es geht, natürlich –, denn ich mag
keine Schlafsäcke. Da ich eh mit dem Auto unterwegs bin,
stellen Federbett und Kopfkissen Gott sei Dank kein Problem dar. Und so staunen die Seminarhausleiter Marina
und Mathias nicht schlecht, als mein kleines, silbernes
Auto, vollgestopft bis unters kugelige Dach, keuchend die
letzte steile Steigung nimmt, bevor es vor dem schönen,
großen Haus, in dem sich das Meditationszentrum befindet, auf den Parkplatz rollt.

Gleich am ersten Tag, die anderen Gäste und Kursteilnehmer sind noch gar nicht angereist, ist klar: Vor mir
steht ein Küchenprofi. Der Mann mit dem braunen Silber-
blick und dem kleinen Kugelbauch, über den sich ein lustig bedrucktes T-Shirt spannt, bewegt sich wie ein Tänzer
auf der Bühne durch die Küche und die angrenzende Speisekammer des Zentrums. Edward Espe Brown hat nicht
nur über viele Jahre hinweg in seinem Kloster in Amerika
Meditation praktiziert und gelehrt, er arbeitete auch mindestens genauso lange als Koch in Tassajara, einem Zenkloster inmitten rauer und wilder Berglandschaft unweit
von San Francisco. Beides miteinander kombiniert, also
Zen und Kochen, ist eine unglaublich inspirierende Mischung, die er nun schon seit vielen Jahren versucht, den
Menschen, die seine Kurse besuchen, zu vermitteln. Und
wie er da nun, klein und leicht gedrungen, in der schwach
beleuchteten Speisekammer vor mir steht, um mit mir rein
lebensmitteltechnisch gesehen die kommende Woche zu

besprechen, wird mir schnell klar, dass dies ein Kochkurs der besonderen Art werden wird.

Zunächst schaut Ed nach, ob es irgendwelche Lebensmittel und Gemüse in der Kammer gibt, die rasch verarbeitet werden müssen. Selbst die vergammeltste Zwiebel und die schlaffste Möhre kramt er behutsam aus dunklen Ecken hervor, um alles zusammen in eine vorbereitete Kiste zu geben. Nichts entgeht seinem wachen Blick – und nichts wird verschwendet, so verlangt es die Tradition des Zen. Das gilt für Lebensmittel genauso wie für alles andere, das wir Menschen tagtäglich konsumieren, verarbeiten und benutzen.

Ed Browns Lehrer, der Japaner Shunryu Suzuki, der in den späten Fünfzigerjahren des vorherigen Jahrhunderts aus dem Land der aufgehenden Sonne nach Kalifornien gekommen war, um dort westliche Menschen in traditionellem Zen zu unterrichten, erzählte gerne eine eindrucksvolle Geschichte aus der Zeit seines Noviziats, die veranschaulicht, dass wahre Zenleute wirklich nichts, aber auch gar nichts wegschmeißen. Und während wir beide in der schummrig beleuchteten Speisekammer quasi auf allen Vieren nach verwertbaren Nahrungsmitteln suchen, um auch dem kleinsten vergessenen Korn eine Chance zu geben, in den kommenden Tagen unser Menü zu bereichern, gibt mir Ed genau diese Geschichte seines alten Lehrers, der 1971 in San Francisco gestorben ist, zum Besten:

Shunryu Suzuki, damals noch ein Jugendlicher mit dem Kopf voller Flausen, wurde eines Tages in die Speisekammer des Klosters geschickt, um die alten Weckgläser mit dem eingelegten Rettich zu holen. Dieser Rettich dümpelte, eingelegt in Essig, wohl schon Jahre vor sich hin, und nun hatte der Koch des Klosters, der sogenannte Tenzo, beschlossen, dem Trauerspiel ein Ende zu bereiten.

Der Rettich wurde also aus den großen Gläsern geholt, wobei es dem jungen Suzuki erst mal so richtig übel wurde, denn die alten Knollen stanken erbärmlich. Beim nächsten Mittagsessen, das alle Mönche schweigend und gemeinsam in der Meditationshalle einnahmen, lagen dann die verschrumpelten und penetrant stinkenden Dinger auf einem Teller neben den Suppenschalen – als Beilage quasi. Doch Suzuki hatte, nachdem er widerwillig von dem Zeugs gekostet hatte, keine Lust auf Gammelrettich in nächster Zeit, denn er wusste, dass davon noch einiges übrig war, und so kam er auf die glorreiche Idee, den Rest des eingelegten Gemüses zu vergraben. Er schlich sich, zusammen mit ein paar Mitwissern, gleich in der folgenden Nacht hinaus in den Garten und vergrub die übrigen Rettiche – nicht wenige an der Zahl, nebenbei bemerkt –, um sich danach erleichtert ins Bett zu verkrümeln.

Doch die jungen Novizen hatten die Rechnung sprichwörtlich ohne den Wirt, in diesem Fall ohne den Abt gemacht. Der hatte nämlich Wind von der Aktion in nächtlicher Dunkelheit bekommen und den Tenzo geweckt, um ihn flüsternd anzuweisen, das gesamte Wurzelgemüse sofort wieder auszugraben. Am nächsten Mittag lagen neben Suzukis Schale wieder die alten Rettiche, zu allem Übel auch noch leicht von dunkler Erde verkrustet.

Es dauerte übrigens über eine Woche, bis alles aufgegessen war. Die damit einhergehenden Blähungen, die vergammelter Rettich mit großer Wahrscheinlichkeit in den Gedärmen verursacht, möchte ich mir allerdings lieber nicht vorstellen.

Wir beide lachen uns jedenfalls in der kleinen Speisekammer unter der nackten, funzeligen Glühbirne halb schlapp über den armen Shunryu, und da ich vorab schon mal einen Blick auf die Menüliste für die kommenden Tage habe werfen dürfen, weiß ich, dass wir von altem, eingelegtem Rettich verschont bleiben. Da lacht es sich gleich noch viel befreiter.

Doch unserem lieben Ed ist dieses Verwerten von Dingen, die andere längst auf den Müll werfen würden – bestimmt auch durch das leuchtende Vorbild seines Lehrers –, trotz unseres kleinen Heiterkeitsausbruchs ganz offensichtlich in Fleisch und Blut übergegangen, so viel ist schon mal klar. Wir deponieren alles Gemüse, altes wie frisches, und auch ein paar abgelaufene Dosentomaten für den nächsten Tag in Griffweite auf den Ablageflächen in der Küche und warten im Anschluss auf unsere Gäste, die gegen Abend auch schön langsam aus ganz Europa hier in Scheibbs eintrudeln.

Am anderen Morgen dann – dem offiziellen ersten Kurstag – stehen wir, fünfundzwanzig Kursteilnehmer und ich, alle versammelt in der Küche um Edward und den großen Arbeitsblock herum, der die Mitte des Raumes einnimmt, und lauschen gespannt den Einführungsworten des Meisters. Wir werden heute gemeinsam ein simples Chiligericht aus schwarzen Bohnen und Tomaten kochen. Dazu gibt es selbst gebackenes Olivenbrot mit Meersalz und zum Nachtisch Erdbeertarte mit Frischkäsehaube. Die kleine Gammelzwiebel, die so lange ein einsames Dasein in der Speisekammer hatte fristen müssen, liegt ganz oben auf dem zu verarbeitenden Haufen von Gemüse und anderen Lebensmitteln.

Anders als seine berühmten Profikoch-Kollegen legt

Ed wenig Wert auf ausgefallene und komplizierte Geschmackskompositionen, die dem Gaumen schmeicheln und ihn zu überraschen versuchen. Er besinnt sich lieber auf die ursprünglichen Qualitäten der jeweiligen Nahrungsmittel. Der erdige und schwere Geschmack der schwarzen Bohnen soll seiner Auffassung nach bis zum fertigen Gericht hin unverfälscht schmeckbar sein. Lediglich ein paar Gewürze wie Salz und Lorbeer und einige wenige zusätzliche Zutaten sollen den Bohnen sozusagen dabei helfen, ihre »Erdigkeit« bis zum Schluss hin zu erhalten. Und so wandern aus geübter Hand, die in den späten Siebzigern sogar mal im Nobelrestaurant GREENS im Hafenviertel von San Francisco den Kochlöffel geschwungen hat, noch ein paar Tomaten – der Inhalt der abgelaufenen Dosen ist auch mit dabei –, unsere kleine Zwiebel, jetzt schön gesäubert und in adrette Würfelchen geschnitten, und etwas Knoblauch in den großen Topf, dessen Inhalt aussieht, als würde schwarze Lava vor sich hin blubbern. Zusammen mit dem noch warmen Hefebrot aus dem Backofen wird dies, trotz einiger skeptischer Blicke aus den Reihen der Teilnehmer, ein köstliches, schlichtes Mahl ergeben, dessen Höhepunkt natürlich die Erdbeertarte sein wird.

Und so sind nach diesem ersten Kochtag nicht nur unsere Bäuche gefüllt und glücklich; wir fühlen uns alle auch rundherum seelisch genährt und im Herzen wunderbar satt – das Wissen, dass wir heute beispielsweise nichts verschwendet haben, macht uns stolz und zufrieden. Außerdem ist unser Lehrer ein begnadeter Geschichtenerzähler, bei dem nicht nur vor Lachen ab und zu ein paar Tränchen fließen; Ed weiß die Herzen auch anderweitig zu berühren.

Den Tag beschließen wir mit einer Abendmeditation, schließlich sind wir hier ja nicht nur in Sachen Kochen unterwegs, sondern versuchen in den kommenden Tagen auch die Einfachheit des Zenbuddhismus wirklich zu leben und regelrecht hautnah zu erleben.

So eine Zenmeditation ist, von außen betrachtet, ja schon etwas recht Formelles. Da gibt es vieles zu beachten, denn es muss im wahrsten Sinne des Wortes stets »die Form gewahrt« werden. So gibt es zum Beispiel innerhalb der Halle bestimmte Bewegungsabläufe, vor allem während der Gehmediationsphasen, außerdem sind die Kissen und Matten in einer gewissen Art aufgereiht, man sitzt in einer bestimmten Haltung und auch innerhalb der Meditation bewegt man sich im Geiste auf vorgeschriebenen Wegen. Alles ist auf Schlichtheit und Einfachheit ausgerichtet, damit nichts vom Eigentlichen ablenken kann.

Kurz bevor die Kursteilnehmer die Halle still betreten, stelle ich mich mit einem brennenden Räucherstäbchen, das in einer ebenfalls vorgegebenen und zudem recht unbequemen Handstellung gehalten wird, vorn neben dem Altar auf und warte auf den Meister. Dabei muss ich aufpassen, dass mir der Rauch nicht in die Nasenlöcher steigt, denn Niesen kommt gar nicht gut! Wenn schließlich alle sitzen, rauscht Ed mit fliegenden Roben ein. Auch dieser schnelle Schritt ist anscheinend vorgeschrieben, denn er kommt jedes Mal rein, als würde eine Horde wütender Hornissen hinter ihm her sein. Vielleicht will man im Zen ja auf dem Weg zur Erleuchtung keine Zeit verlieren, mutmaße ich in den Rauch meines glimmenden Sandelholzstäbchens hinein und werde prompt mit einem heftigen Kitzeln in der Nase belohnt.

Ist Ed dann in Lichtgeschwindigkeit bei mir vorn angekommen, veranstalten wir beide eine kleine, magische Zeremonie, während der mein Räucherstäbchen eine tragende Rolle spielt und die auf alle Teilnehmer sehr beeindruckend wirkt, wie mir einige glaubhaft im Nachhinein versichert haben. Ich selbst habe allerdings keinen blassen Schimmer, was da vor sich geht, denn ich bin so damit beschäftigt, keinen Fehler in den Abläufen zu machen, dass unser Hokuspokus jedes Mal schon vorbei ist, wenn ich mich gerade entspanne und wieder zur Besinnung komme. Danach darf ich mich dann hurtig auf meinen Platz setzen und wir versinken alle für dreißig Minuten in mehr oder weniger heiliger Meditation.

Danach krieche ich müde und zufrieden in mein orangefarbenes Zelt, dessen imposante Innenausstattung mich nach wie vor beglückt und das unter einer Kastanie einen geschützten Platz gefunden hat. An diesem ersten gemeinsamen Tag mit Edward haben mich die Stunden am Herd sehr berührt und auch nachdenklich gemacht. Denn wie oft in meinem Alltagsleben stopfe ich einfach schnell irgendetwas in mich hinein, ohne vorher oder währenddessen genau hinzuschmecken oder gar mein Essen genüsslich und langsam zu kauen?

Unser versierter Zenkoch, dessen Emotionen zuweilen genauso hochkochen können wie seine Suppen – der Gute ist halt auch nur ein Mensch mit Höhen und Tiefen! –, hat es schon am ersten Tag verstanden, unsere geplagten Gaumenknospen und Zungen durch einfache Übungen zu entspannen, um das Schmecken neu erfahren zu können – und plötzlich braucht man gar nicht mehr so viel Salz oder andere Gewürze, die das Gericht vermeintlich aufpeppen.

Besonders eine kleine Übung hat es mir angetan, in der

man lediglich versucht, das, was sich gerade im Mund befindet, genau zu benennen, ohne es aber in der Tiefe zu beurteilen, um das Geschmeckte dann im Gehirn zu »katalogisieren«, wie Ed das nennt. Dabei wird nicht nur z. B. in süß oder sauer unterteilt, nein auch die Konsistenz der Speise wird genau analysiert: Wie fühlen sich knusprig geröstete Haferflocken auf der Zunge und am Gaumen an? Was passt am besten zum cremig-weichen Geschmack einer reifen Avocado? Und warum schmeckt mir die dicke Schicht Nusspaste auf der amerikanisch angehauchten Pizza überhaupt nicht?

In Sachen Zuhören und Aufmerksamkeit beim Kochen werden wir, genau wie bei unseren Schmeckübungen, übrigens auch ganz schön gefordert, denn der Meister aus Amerika kann es auf den Tod nicht ausstehen, wenn während des Kurses gequasselt wird. Da kann unser Ed ganz schön aus der Haut fahren – und der mit großer Achtsamkeit und ganz viel Liebe hergestellte Teigklumpen fürs Olivenbrot landet dann nicht, schön zum Zopf geflochten, auf dem Backblech, sondern als abstraktes Kunstobjekt an der gegenüberliegenden Wand. O. k., das mit dem Teigweitwurf hätte vielleicht nicht sein müssen, schließlich ist Teig an der Wand reine Verschwendung und demnach ganz und gar nicht Zen, aber mir wurde, als ich das zähflüssige Ding die Kacheln runterrutschen sah, schlagartig bewusst, wie selten ich wirklich meinem Gegenüber zuhöre. Oft plappert im meinem Kopf ein kleines Männchen einfach weiter, erzählt seine Geschichten und so manch ollen Schwank aus meinem Leben, und ich bekomme vom eigentlichen Geschehen im Hier und Jetzt, sprich in Eds Küche, so gut wie gar nichts mit.

Nach einem erfüllten ersten Kurstag weckt mich am

nächsten Morgen mein Wecker recht unsanft schon um vier Uhr fünfundvierzig, denn bereits um sechs Uhr werden wir uns alle zusammen mit Ed zum Qi Gong auf dem Rasen hinter dem Haus treffen. Doch vorher brauche ich unbedingt noch in aller Ruhe eine Tasse Kaffee. Ah, alle Knochen tun mir weh vom Schlafen auf der dünnen Isomatte, obwohl ich mir mitten in der Nacht noch mein Schaffell unter die geplagten Wirbel gestopft habe. Zudem dringt ein stechender Geruch durch die dünnen Zeltwände, den ich zunächst einmal überhaupt nicht einordnen kann. Doch geschult durch Eds Wahrnehmungsmediationen von gestern, die ja auch für die Nase gelten, wird mir schnell klar, woher die eigenartig erdigen Dämpfe kommen könnten.

Und tatsächlich, ich habe gestern Abend doch glatt übersehen, dass ich meine Behausung direkt neben dem Komposthaufen des Zentrums aufgeschlagen habe; nur ein Holzzaun trennt mich von ihm. Jetzt, am frühen Morgen, wühlen eifrig zwei weiße Laufenten mit ihren Schnäbeln durch den vermoderten Bioabfall und bekunden sich gegenseitig durch aufgeregtes Schnattern ihre dicksten Funde in Form von leckeren Nacktschnecken und dicken Regenwürmern. Als sie meinen Kopf sehen, der sich träge und mit vom Schlaf verfilzten Haaren durch den Zelteingang schiebt, nehmen sie aufgebracht Reißaus.

In den Tagen, die nun folgen, schlemmen wir uns gemeinsam mit Ed durch eine Vielzahl von Geschmacksrichtungen und lernen, sie miteinander zu kombinieren. Die Gerichte bleiben dabei schlicht und einfach; die einzelnen Zutaten sind immer noch erkenn- und schmeckbar. Wir alle, die an dem Kurs teilnehmen, sind leidenschaftliche Köche und haben uns demnach selbstverständlich zu Hause auch schon mal an selbstgebackener Pizza aus dem heimischen Backofen versucht und vielleicht auch gelegentlich weißen Spargel mit Ingwer und Limette blanchiert, obwohl der Deutsche an sich ja im Grunde nichts anderes als Spargel mit Sauce Hollandaise und Salzkartoffeln auf seinem Teller gelten lässt. Wir kennen uns in der Regel auch aus mit Pfannkuchenteig und mit im Ofen geröstetem Gemüse. Und jeder von uns hat zudem, rein küchentechnisch gesehen, auch so manch coolen Trick auf Lager, den unser Edward vielleicht noch gar nicht kennt. Doch um all das geht es überhaupt nicht, wie uns sehr schnell klar wird.

Hier geht es um die einfachen Dinge des Lebens und um das einfache, bewusste Tun und Arbeiten in der Küche. Und es geht in erster Linie zunächst einmal nicht darum, den Geschmack einer Karotte zu verfeinern oder zu ergänzen. Es geht darum, das Wesen der Karotte, wie Ed das so schön blumig ausdrücken kann, zu unterstützen und zu entdecken, sodass Geschmack und Seele des schlichten Wurzelgemüses voll und ganz zum Tragen kommen können. »Was kann der Möhre dabei helfen, ihren gesamten Facettenreichtum zu entfalten?«, diese und andere ungewöhnliche Fragen schleudert uns der quirlige Meisterkoch entgegen, als wolle er erneut Teig an die Wand klatschen und nicht aufs Blech. So bringt er blitzschnell die eine oder andere festgefahrene Denkweise gehörig ins Wanken. Wollen wir doch in der Tiefe und im Grunde alle für unsere ausgefeilten Kochkünste bewundert und geliebt werden – ich jedenfalls –, und dafür braucht es doch Raffinesse und gelegentlich eine gehörige Portion Schnickschnack rund um die Rübe, oder etwa nicht? Ich bin mir sicher, dass einige von uns auch genau deswegen den Weg hierher zu Eds Kurs nach Scheibbs gefunden haben, nämlich in der Hoffnung, ein paar schicke Tricks vom Starkoch zu lernen, mit denen man zu Hause dann so richtig fett angeben könnte.

Haben wir aber dann allerdings erst einmal herausgefunden, wie wenig es tatsächlich braucht, um die Rübe einfach Möhre sein zu lassen, deren Wesen man mit den einfachsten Mitteln hervorheben kann – eine Prise köstliches Meersalz, etwas karamellisierten Zucker oder ein bisschen vom frisch gehackten Koriandergrün –, sodass nichts überdeckt oder gar an feinen Geschmackskomponenten weggedrückt wird, dann wird sehr schnell klar, dass sprichwörtlich weniger tatsächlich oft auch mehr sein kann.

Wow, ich bin beeindruckt! Und plötzlich blitzt in mir sogar so etwas wie eine kleine Minierleuchtung in den Wirrungen meines Geistes auf: Das kann man ja teilweise sogar eins zu eins auf uns Menschen übertragen, oder? Denn ich kann mir auch persönlich die Frage stellen, welche Lebensumstände und Menschen mir dabei helfen könnten – und ob da nicht vielleicht auch das eben erwähnte Sprichwort gilt –, meine ureigene Persönlichkeit und das, was mein Wesen in der Tiefe ausmacht, zu unterstützen, damit ich strahlen kann wie ein Diamant in der Sonne.

Zum Thema Einfachheit in der Küche hat Edward im Laufe der Woche natürlich auch noch weitere Geschichten und Anekdoten aus seinem Leben als Koch und Zenmönch auf Lager, die er uns oft und gerne bei Gelegenheit in der Küche, in der Meditationshalle oder am nächtlichen Lagerfeuer erzählt. So berichtet er uns eines Abends unter sternenklarem Himmel, an einem prasselnden Feuer und bei einem Glas Rotwein – ein einfaches Leben muss ja nicht immer nur Verzicht bedeuten, oder?! – von einer berührenden kleinen Küchenanekdote, die sich so oder so ähnlich vor vielen, vielen Jahren in einem japanischen Zenkloster abgespielt hat und die anschaulich zeigt, wie wichtig es ist, dass man die kleinen Dinge des Lebens zu schätzen und zu ehren weiß.

Eines Tages betrat der Abt des Klosters die Küche, um nach dem Rechten zu sehen. Alle Köche und Helfer legten ihre Löffel, Messer und anderen Gerätschaften nieder, um sich vor ihrem Meister zu verbeugen. Nur ein alter Mönch, ein ehemaliger Bauer, schien die Ankunft des Abts nicht zu bemerken. Er saß still in einer Ecke und sortierte hoch konzentriert Reiskörner. Unbemerkt ging der Abt hinüber und stellte sich direkt hinter den versunken arbeitenden Mönch. Die alten, sehnigen Finger tanzten regelrecht über dem ausgebreiteten Reis und die Fingerspitzen liebkosten jedes einzelne Korn.

»Hey, alter Mann!«, schrie der Abt und schlug dabei mit der flachen Hand auf den kahl geschorenen Kopf des vor ihm sitzenden Mönchs.

»Ja, mein Meister«, sagte der Reissortierer, ohne dabei von seiner Arbeit aufzusehen.

»Verbeugst du dich nicht vor deinem Meister? Warum erweist du mir nicht den gebührenden Respekt?«, keuchte der verärgerte Abt.

»Ich verbeuge mich doch vor dir in jedem Augenblick meines Lebens, großer Meister, hast du das noch nicht bemerkt?«, sagte der Mönch bescheiden und fuhr fort, seine Reiskörner zu sortieren.

»Du Frechling, du wagst es, mir solch eine Unverschämtheit ins Gesicht zu sagen!«, schrie der Meister außer sich und schlug weiter auf den kahlen Kopf des armen Mönchs ein.

»Aber nein«, sagte da der alte Mann. »Vor langer Zeit hast du mir mal gesagt, ich solle Reis sortieren, bis kein Gedanke mehr durch meinen Kopf wandert. Seitdem sortiere ich, denn das ist meine Disziplin und meine Meditationspraxis. Verlange jetzt nicht so was Albernes von mir, wie dass ich mich extra vor dir verbeuge, Meister. Ein jedes Reiskorn hier vor mir auf dem Boden hat Leben in sich, genau wie du, mein Herr. Und jedes Reiskorn unter meinen Fingern ist eine Verbeugung vor dem Leben, das habe ich in all der Zeit meiner Praxis hier herausgefunden.«

Mittlerweile war die gesamte Küchenbelegschaft in Aufruhr: »Ganz schön frech, der Alte!«, raunten sich die Mönche untereinander zu. Was dachte der sich nur dabei, ihren Herrn und Meister dermaßen zu provozieren?

Da aber wählte der alte Mann mit unendlicher Sorgfalt ein einzelnes Reiskorn und überreichte es ehrfurchtsvoll dem Abt mit den Worten: »Dies ist meine Verbeugung vor dir und vor dem Leben an sich – mach damit, was du willst!«

Tief ergriffen nahm der eben noch so erzürnte Abt das kleine Reiskorn aus den schwieligen Händen des Mönchs und verbeugte sich seinerseits vor dem am Boden sitzenden Mann und seinen vielen Reiskörnern. Ohne noch ein weiteres Wort zu sagen, machte er dann auf dem Absatz kehrt und verschwand mit wehenden Roben aus der Küche. Diejenigen, die nah genug standen, hätten schwören können, dass sie Tränen in den Augenwinkeln ihres obersten Herrn und Meisters beim Hinausgehen hatten glitzern sehen.

Spätnachts liege ich plötzlich hellwach in meinem Zelt. Mittlerweile hat sich der laue Frühsommerabend verabschiedet, um einem Gewitter mit dicken, grauen Wolken Platz zu machen. Die kann ich zwar bei nachtschwarzer Dunkelheit nicht sehen, aber der Regen prasselt wie der Trommelwirbel eines verrückt gewordenen Musikfreaks auf das Dach – und mein innerer Diamant, oder war's doch die Möhre (ich kann mich gar nicht mehr entsinnen!), strahlt jetzt überhaupt nicht mehr. Mir ist kalt und das unheimliche Geräusch, das die dicken, fetten Regentropfen verursachen, die sich von den Blättern der Kastanie über mir lösen, um platschend direkt über meinem Kopf zu zerplatzen, macht mir irgendwie Angst. Nur eine dünne Plastikmembran trennt mich von der Natur da draußen, die sich die ganze Nacht über bewegt, rauscht und tröpfelt, die Töne und Gerüche in die kühle Luft aussendet und die sich echt nicht die Bohne darum kümmert, dass ich in ihrer Mitte zitternd und mit gespitzten Ohren in meinem Zelt liege.

Da hilft es auch überhaupt nicht, mir die berührende Zengeschichte von vorhin zwecks Einschlafhilfe nochmal ins Gedächtnis zu rufen. Ich hab jetzt andere Probleme und »alles ist eins« muss warten: Mir ist unheimlich!

Und so wird mir plötzlich schlagartig klar, dass ich mich überhaupt nicht als Teil der Natur dort draußen empfinde, obwohl ich doch eindeutig dazugehöre. Schließlich ist die menschliche Spezies nicht getrennt von all den anderen Geschöpfen, die den Erdball bevölkern. Sicher erschwert das Unwetter, das sich gerade über meinem kleinen Zelt ausschüttet, die Vorstellung, Teil des Ganzen da draußen zu sein, aber wenn ich genauer hinspüre, fühle ich mich auch ganz selten eins mit Flora und Fauna, wenn die Sonne scheint und der Himmel in wolkenlosem Blau erstrahlt.

Ja, im Grunde lebe ich mein tägliches Leben so, als würde ich nicht dazugehören zum großen Universum, und nur ein paar wenigen Menschen und Wesen gewähre ich Eintritt in meine kleine, selbst kreierte Welt, die mich und mein Herz umhüllt wie eine schillernde Seifenblase, die ich stets verteidige, als würde mein Leben davon abhängen, dass sie unversehrt bleibt. Ich empfinde mich durch diese Blase als getrennt und bin selten mit all dem verbunden, was mich umgibt.

Eine Weile noch halten mich meine neuesten Erkenntnisse in Sachen »Ich und die Welt um mich herum« wach und meine Gedanken schlagen dazu emsig Kapriolen. Aber auch der strömende Regen tut sein Übriges, dass ich erst gegen Ende der Nacht in einen unruhigen Schlaf falle, aus dem ich immer wieder hochschrecke, um ängstlich in die nachtschwarze Dunkelheit zu lauschen.

Dementsprechend erschöpft und müde bin ich anderntags, als ich mich in aller Herrgottsfrühe ins Freie schäle. Doch der kleine Rehbock, der mit großen braunen Augen und witternden Nüstern in der regenfeuchten Morgendämmerung direkt vor meinem Zelt steht, wobei ein zarter Nebel sanft seine schlanken Beine umspielt, sodass es aussieht, als würde er schweben, entschädigt mich eindeutig für die kurze Nacht. Neugierig starrt er mich an, um sich dann elegant springend Richtung Waldrand aufzumachen.

Schnell schließe ich wieder den Reißverschluss des Zelteingangs und ziehe mich mangels entsprechender Zelthöhe halb im Liegen an. Meine Klamotten sind klamm und kalt, brrrr! Doch so richtig ekelig finde ich die Horden von Nacktschnecken, die meine Zeltwände von außen langsam und Schleimspuren ziehend erklimmen. Was zur Folge hat, dass ich hier drinnen, während ich mir fröstelnd meine Socken überziehe, lauter unheimliche Minischatten auf meiner kleinen Zeltkuppel beobachten kann, die invasionsartig einen Angriff auf meine Behausung starten. Meine philosophischen Überlegungen von heute Nacht beziehen glitschige, wirbellose Kleinstlebewesen keinesfalls mit ein, beschließe ich spontan – von denen will ich eindeutig sehr getrennt sein und gar nicht EINS, so viel ist klar! So ähnlich muss sich ein lebendig Begrabener im Glassarg unter der Erde fühlen, wenn sich die Kleintier-Unterwelt gemütlich anschickt, Neuland zu erkunden – wie gruselig, meine Fantasie geht mit mir durch! Nichts wie raus hier und ab ins Warme …

Zunächst steht das tägliche Qi Gong auf dem Plan, das ich heute wegen meiner klammen Knochen schwänze – übrigens wird mir nun jeden Morgen eine andere Ausrede einfallen, um bei den körperlichen Ertüchtigungen zu solch einer unmöglichen, ja für mich fast schon unverschämten Uhrzeit nicht dabei sein zu müssen, so viel sei schon mal verraten –, um mich stattdessen lieber mit einer heißen Tasse Kaffee in der Küche aufzuwärmen. Danach folgt eine einstündige Morgenmeditation in der großen Halle, die einige der Kursteilnehmer halb liegend absolvieren – anscheinend ist es gestern Nacht doch noch ein bisschen später geworden; dann geht es weiter mit dem Kochkursprogramm. Wir lernen, neben der Zubereitung von lauwarmem Spinat mit gerösteten schwarzen Sesamsamen und Bananen – übrigens eine sehr leckere Kombination! –, vor allem den Umgang mit Resten.

Damit sind allerdings nicht nur übrig gebliebene Lebensmittel und Essensreste vom Vortag gemeint, sondern auch der achtsame Umgang mit allem, was wir beim Kochen verwerten und verarbeiten. Nichts soll verschwendet werden. Und so schaue ich erstaunt dabei zu, wie den Argusaugen von Ed nichts entgeht. Ein für das bloße Auge kaum sichtbarer Hauch von Mehl, der aus Versehen neben und nicht in der Schüssel für den Keksteig landet, wird nicht etwa mit einem energischen Wisch von der Arbeitsplatte in den Mülleimer oder gar auf den Fußboden befördert. Nein, Edward greift blitzschnell ein, bevor ein emsiger Schüler zum Lappen greifen kann und wischt fast schon liebevoll das nahezu unsichtbare Mehlhäuflein in seine hohle Hand und befördert es wieder zurück zum Teig, der mittlerweile himmlisch duftend Gestalt annimmt.

Jedes auch noch so kleine Salzkrümelchen wird von Eds Fingerspitzen behutsam aufgenommen und wieder seiner wahren Bestimmung zugeführt, nämlich dem Würzen der Speisen. In Green Gulch, dem kalifornischen Zenkloster, wo ich, wie bereits eingangs erwähnt, für ein paar Wochen in der Küche mitarbeiten durfte, konnte ich damals schon Ed erstaunt dabei beobachten, wie er vor sich auf die Arbeitsplatte kleine leere Schüsselchen stellte, um Krümel oder verloren gegangene Linsen und Pfefferkörner einzeln einzusammeln und zu sortieren, die er dann entweder später verkochte oder wieder in die dazugehörigen Verpackungen zurückgab. Seine tiefe Dankbarkeit für das Leben wird bei all seinen Handgriffen und in jedem auch noch so banalen Tun sichtbar.

Die Woche geht wie im Flug vorüber und ist gespickt mit wunderbaren Momenten im Miteinander, aber auch mit Pannen und Hektik in der Küche – eigentlich genau

wie im richtigen Alltagsleben auch. Unsere Ofenkartof-
feln werden beispielsweise nicht gar, obwohl sie, unter-
getaucht in einem Vollbad aus Sahne und Rotwein, mehr
als drei Stunden im Backrohr vor sich hin schmurgeln
durften. Die Kartoffeln aus der Speisekammer sind wohl
dann, aller Resteverwertung zu Ehren, doch zu alt gewesen. Dafür hält der Schokoladen-Vulkan-Kuchen genau
das, was er vom Namen her auch versprochen hat: tief
dunkle, flüssige Schokolade ergießt sich beim Anstich mit
der Kuchengabel wie heiße Lava auf den Dessertteller, sodass wir alle nur noch verzückt, im sonst so lauten und
quirligen Speisesaal, schweigen und genießen.

Neben einem neu erwachten Bewusstsein für die Ver-
arbeitung von Lebensmitteln bleibt in meiner Erinnerung
später am meisten die fast schon kindliche Freude von
Edward an der Schlichtheit von Gemüse und Co. hängen.
Binnen weniger Stunden hat er uns mit seiner Neugier
und seinem Forscherdrang angesteckt – und diese Begeisterung hält sich auch durch alle Kurstage hindurch, wie
ein lichter Sonnenstrahl, der uns beflügelt. Fühlen, Rie-
chen, Schmecken ohne viel Tamtam. Der pfeffrige Duft
von frischem Basilikum und die sommerliche Fröhlichkeit
einer frisch aufgeschnittenen Zitrone – reiner Genuss, der
von nichts anderem überdeckt wird. Der fast schon stau-
big-erdige Geschmack unserer schwarzen Bohnen am ersten Tag und die süße Erotik der reifen Erdbeeren auf der
Tarte – herrlich! Das Fühlen des warmen Brotteiges in
den Handflächen und die angenehme Schwere des Mes-
sergriffs, dessen scharfe Klinge durch alle Konsistenzen
wie durch Butter gleitet.

Ich habe gelernt, dass es die Natur meiner Hände ist,
Hände zu sein – so wie jeder andere Körperteil von mir

auch eine naturgegebene Aufgabe hat. Meine Hände lieben es z. B. zu werkeln und zu gestalten; sie kneten für ihr Leben gerne, rühren und schnippseln und sie haben Spaß daran, ihre Finger in warme Seifenlauge zu tauchen, um Teller und Tassen zu spülen, wenn man sie nur wirklich lässt und mit den Gedanken nicht ganz woanders ist.

Natürlich weiß so gut wie jedes Kind, dass Hände im Allgemeinen Schwierigkeiten hätten, Salsa zu tanzen, dafür haben wir schließlich Füße, Beine und Hüften, und auch unsere Augen hätten es sehr schwer mit dem Auseinanderhalten von unterschiedlichen Gerüchen. Aber dieses tiefe Hineinspüren in die Natur meiner Hände, um sie letztendlich gewähren zu lassen, das ist vollkommen neu für mich. Was tun die da gerade – und wie fühlt sich das an? Sie dabei zu beobachten, wie sie machen und tun und wie sie scheinbar nie müde werden, das erinnert mich an die Choreographie eines eleganten Tanzes.

Durch diese neue Art des Fühlens erwacht in mir auch ganz automatisch ein natürliches Bewusstsein für das, was ich in Händen halte, also für Alltagsgegenstände aller Art, für Dinge an sich und für Lebendiges, wie Nahrungsmittel oder die Hand eines Mitmenschen.

Eds wunderschöne Theorie dazu ist, dass durch dieses neue Bewusstsein eine freundlichere und dankbarere Haltung zu allem, was um uns herum kreucht und fleucht, wie Menschen und Tieren, aber auch zu scheinbar Leblosem, wie eben einem Messer oder einer Schüssel, wächst und dadurch unser Herz weit geöffnet wird. So berühren wir alles im wahrsten Sinne des Wortes, und zwar sehr viel tiefer und wahrhaftiger als je zuvor. Was für ein schöner Gedanke.

Und noch eine zweite, angenehme Konsequenz hat dieses tiefere sich Auseinandersetzen mit den Händen: die Arbeitsabläufe vereinfachen sich. Wir machen schlichtweg keinen Handgriff mehr zu viel, weil wir eben ganz bei der Sache, sprich bei unseren Händen und ihrem Tun, sind. Ed sei Dank dürfen wir das auch gleich in unserer Versuchsküche in Scheibbs ausprobieren und in die Tat umsetzen. Hochkonzentriertes Arbeiten und genaues Hinspüren, so lautet die Devise unseres Zen-Chefs. Und nicht nur das, denn an unserem letzten Kurstag steht noch eine besondere Herausforderung auf dem Speiseplan: die sagenumwobene Restesuppe.

Wer Ed Brown aus dem Dokumentarfilm »How to cook your life« kennt, den keine mindere als die bekannte Filmemacherin Doris Dörrie einst auf Zelluloid gebannt hat, der weiß, dass vor Ed nichts Essbares sicher ist. Er haut einfach alles in seine Restesuppe, die traditionell immer beim letzten gemeinsamen Mittagessen serviert wird. Da ich Ed nun schon ein bisschen kenne und demnach weiß, dass er am Vortag der Zubereitung wie ein kleines Trüffelschwein im Kühlschrank und in der Speisekammer nach Resten suchen wird, habe ich vorsichtshalber das halb vergammelte Spargelwasser von vor vier Tagen beherzt weggeschüttet.

Doch leider hat Ed auch noch ein Supergedächtnis – kein Wunder bei der langen Meditationserfahrung! – und so gilt am Morgen des letzten Kurstages sein erster, leicht gedämpfter Ruf durch die Küche in meine Richtung nach dem verdammten Spargelsud. Erst verstehe ich meinen Herrn und Meister gar nicht, weil sich sein Kopf gerade in den Tiefen des Kühlschranks befindet, doch mir schwant Böses. Und tatsächlich folgt ein mittleres Donnerwetter bei meiner Beichte, dass das leckere Wässerchen bereits die

Kanalisation von Scheibbs mit seinem unsäglichen Gestank beglücken durfte. »Aber das hätte man doch noch in die Suppe tun können!«, brüllt der Meister und braut sich in weiser Voraussicht zur Beruhigung schnell noch einen doppelten Espresso, bevor er mir vor lauter Wut noch irgendeinen übrig gebliebenen Teig um die Ohren haut – wir erinnern uns! – und die Kursteilnehmer zum Kochen und Lernen in die Küche kommen.

Gott sei Dank finden sich noch andere Zutaten für Eds Suppe, übrigens nicht minder gewöhnungsbedürftig als das alte Spargelwasser, die unter den argwöhnischen Augen der gesamten Gruppe nun in den großen Topf wandern, der munter und ahnungslos auf dem Herd vor sich hin blubbert. Die eine oder der andere wendet sich schließlich naserümpfend ab, als überreife Bananen und der Rest vom gekochten Spinat schwungvoll ihr Leben in der Suppe lassen. »Na, das kann er selbst essen!«, nölt eine schlanke Managerin aus Wien und verlässt kopfschüttelnd den Raum. Doch Ed lässt sich nicht beirren – es wird einfach nichts weggeschmissen, basta!

Zu guter Letzt sitzen wir dann alle im Speisesaal vor unseren dampfenden Tellern, in denen sich eine sämige, dunkelrote Suppe befindet. Da ich zwischendurch immer wieder den Schauplatz der Zubereitung verlassen musste, um Dinge für Ed zu besorgen oder um Kursteilnehmer einzufangen, die sich in Richtung Ortsmitte zum nächstgelegenen Brathuhnstand davonstehlen wollen, ist mir die finale Farbgebung der Restesuppe leider entgangen, aber ich tippe auf ganz banale Dosentomaten und dazu vielleicht ein Stück vom übriggebliebenen Schoko-Vulkan-Kuchen – das würde den bräunlichen Ton einigermaßen erklären.

Nun führe ich also mit großer Skepsis meinen Löffel zum Mund, in Gedanken schon meine Beschwerde und einige vernichtende Anmerkungen formulierend. Aber siehe da: Die Suppe schmeckt köstlich! Ich kann zwar nicht mit Bestimmtheit sagen, nach was sie schmeckt, aber sie schmeckt weder nach Banane noch nach Schokoladenkuchen, sondern wunderbar würzig und abgerundet. Tja, da kommt der wahre Meister zum Vorschein, denn Restesuppe aus ein paar alten Kartoffeln und Gemüseabfällen, das kann schließlich jeder. Ich ziehe innerlich meinen Hut bzw. meine nicht vorhandene Kochmütze vor »Big Ed« und helfe, nachdem ich die Suppe bis zur Neige aufgegessen habe, ein letztes Mal dem Küchendienst beim Abspülen.

Am nächsten Morgen verlasse ich Scheibbs mit vielen Eindrücken und neuen Erkenntnissen im Gepäck. Ed, der Zenkoch, fährt weiter nach Wien, um dort einen zweiten Kochkurs zu veranstalten, und Ed, das Küchenmesser, begleitet mich zurück nach München. Beide Eds sind mir richtig ans Herz gewachsen, der eine durch sein Wissen und seine außergewöhnliche Menschlichkeit, zu der auch mal ein durchwachsener Wutanfall gehört, und der andere, weil ich nun auch die simplen Alltagsgegenstände und Dinge mehr zu schätzen weiß und somit erkenne, dass selbst ein einfaches Messer nichts Selbstverständliches, sondern was richtig Tolles ist, das es wert ist, von mir gehegt und gepflegt zu werden.

Und so sitze ich nun glücklich in meinem kleinen Auto, das wieder bis unters Dach mit Zeltutensilien vollgestopft ist, lasse bei strahlendem Sonnenschein die Fenster herunter und gröle gemeinsam mit dem österreichischen Liedermacher Rainhard Fendrich ein Lied über Sandalen, die an den Fersen drücken, über abhandengekommene Lire und wie man in Ermangelung eines fahrbaren Untersatzes auf der Strada del Sole weiterkommt. Der Gute ist wohl lange vor der Einführung des Euro auch einmal für kurze Zeit in den Geschmack des »einfachen Lebens« gekommen – allerdings eher unfreiwillig, was man von mir ja nicht behaupten kann.

Zurück zu Hause in Deutschland geht es dann kurz darauf, genauer in der zweiten Juniwoche, nahtlos weiter in Sachen Einfachheit – und zwar hinauf in die oberbayerischen Berge. Mitten hinein in die Welt der Senner und Sennerinnen, die hier oben, unbemerkt von uns Städtern und Talbewohnern, ein ganz spezielles, naturverbundenes und sehr einfaches Leben während eines kurzen Bergsommers leben.

Susanne melkt und buttert

Ein Sommer mit Schwester, Kühen

und Federvieh auf der Alm

Was ein einfaches Leben wirklich bedeutet, konnte ich durch Hüttenzauber und Küchenerfahrungen in jenen sonnigen Maitagen erst einmal nur erahnen – und ob ich daraus auch noch als ein »besserer Mensch« hervorgehen werde, das steht überhaupt in den Sternen. Danach folgt nun eines meiner größten Abenteuer, das ich im Rahmen der Recherchen für dieses Buch bestehen möchte: Ich ziehe mit meiner Schwester und achtzehn Stück oberbayerischem Fleckvieh hinauf auf eine Alm in den bayerischen Bergen, 1074 Meter über dem Meeresspiegel.

Heute nieselt es schon seit dem frühen Morgen und es ist jetzt, Mitte Juni, viel zu kalt für die Jahreszeit. Die Kühe im Stall des Lindmaier-Hofes muhen laut und heiser ihre Freude in den beginnenden Tag hinein, denn sie wissen ganz genau, dass es in ein paar Minuten mit dem Almauftrieb losgehen wird. Acht lange Kilometer, die auf einer Schotterstraße entlang eines klaren Bergbaches führen, liegen vor uns, bevor wir die Alm meiner Schwester Michaela erreichen werden: im Schlepptau eine Horde ausgelassener Rindviecher, die die gesamte Strecke vor lauter Aufgeregtheit und Erregung im Kuhgalopp zurücklegen.

Der Berg ruft, das spüren die sonst so sanften und gemächlichen Kühe und Jungkälber ganz genau, juchhu! Und wir haben unsere liebe Not damit, die Rasselbande im Zaum zu halten – neben meiner Schwester und mir treibt nur noch der Jungbauer des Lindmaier-Hofes, Kilian, das Vieh mit nach oben. Nach gut zwei Stunden haben wir es aber dann alle gemeinsam ohne größere Zwischenfälle geschafft und betreten unter einer grauen Wolkendecke, der Regen hat mittlerweile aufgehört, den großen, idyllischen Almboden mit seinen verstreut liegenden Hütten. Allen voran Michaela, die Sennerin, zusammen mit Pinzi, der Leitkuh – so will es die Tradition.

Beim Heraufgehen, immer wachsam auf der Hut, damit keines der Tiere zu Schaden oder vom Weg abkommt, ist mir inmitten der Glocken bimmelnden Herde klar geworden, wie archaisch der Viehtrieb an sich ist. Schon dieses im Vergleich eher kurze Stück Weg ist für uns alle echt eine große und äußerst anstrengende Herausforderung, schließlich darf sich keines der Tiere verletzen oder gar in die Fluten des eisblauen Gebirgsbachs stürzen. Wie hart und entbehrungsreich müssen da auch heute noch die großen Lastkarawanen sein, die beispielsweise den langen, gefährlichen Weg über den Himalaja auf sich nehmen, um Salz und andere Waren von entlegenen Dörfern hinunter in die Städte und auf die Marktplätze zu bringen. Und auch in unseren heimischen Breitengraden existieren noch sehr unzugängliche Almen, zu denen das Vieh nicht auf einer bequemen Schotterstraße gelangen kann, wie das bei uns der Fall ist. Mit so großen, unberechenbaren Tieren unterwegs zu sein, birgt eben immer ein Risiko, sei es in den Alpen oder unterhalb des schneebedeckten Mount Everest.

Doch hier, wohlbehalten unterhalb des Doppelgipfels des schroffen Ross- und Buchsteins am Ziel angekommen, begrüßen uns nun erst einmal die anderen drei Almhüttenbewohner, die uns in den kommenden Monaten in der Einsamkeit Gesellschaft leisten werden, denn hier oben werden insgesamt vier Almen den Sommer über betrieben. Almboden nennt man eine hochgelegene Viehweide in den Bergen, die von mehreren Bauern betrieben werden kann. Und so reihen sich der charmante Franz, der sonst immer etwas griesgrämige Hans und die

schüchterne Helga mit lachenden Gesichtern am Weges-
rand nebeneinander auf, um uns und das Vieh willkommen zu heißen.

In den kommenden hundert Tagen – ein traditioneller
Zeitrahmen, der bereits über viele Jahrhunderte hinweg in
dieser Region gültig ist – werden wir in gewissem Maße
alle voneinander abhängig sein, um in Rufweite einander
helfen zu können, wenn beispielsweise beim Melken oder
in Sachen Stall und Ausmisten Not am Mann ist. Wir werden aber auch den einen oder anderen geselligen Abend
bei einer zünftigen Brotzeit samt Wein oder Bier miteinander verbringen. Dann wird der fesche Franz, dem man
im Tal drunten nachsagt, dass ihm die Weiber in Scha-
ren nachlaufen, seine Hemdsärmel hochkrempeln und die
mächtige Tuba hervorholen, um uns gekonnt ein Ständ-
chen zu blasen. Und wir werden zu seinem eingängigen
Spiel kichernd und recht holprig die wenigen erinnerten
Fetzen unseres bayerischen Liedgutes zum Besten geben.

Für heute haben unsere müden Wegbegleiterinnen erst
einmal ihre neue Heimat auf Zeit bezogen und es sich gemütlich gemacht. Unsere Almnachbarn haben selbst genug zu tun und trollen sich nach gebührendem »Hallo«
wieder zu ihren eigenen Tieren.

Sachte bimmeln die Glocken der Kühe beim Wiederkäu-
en im dämmrigen Stall, der ganz und gar aus Holz gebaut
ist, und der einen oder anderen Kuh fallen dabei nebenher
sogar die Augen zu – war ja auch ganz schön anstrengend,
der lange Weg hier herauf. Nach all der Aufregung des
Auftriebs kehrt nun Ruhe ein. Kilian hat sich nach dem
Versorgen der Tiere mit Heu wieder auf den Weg hinunter ins Tal gemacht und meine Schwester und ich bereiten
uns nach einem frühen, schlichten Abendbrot, bestehend

aus Brot und etwas kaltem Braten, den uns unsere Mutter noch eingepackt hat, auf die erste Melkschicht vor.

In den kommenden Sommermonaten wird uns diese Arbeit des Melkens und des damit einhergehenden Ausmistens des Stalls zweimal am Tag voll in Beschlag nehmen und den Rhythmus unseres Lebens bestimmen. Dann schmeißen wir mit vereinten Kräften den laut knatternden Generator hinter der Hütte an, um im Stall genügend Strom für Licht zu haben und um die elektrische Melkmaschine in Betrieb nehmen zu können. Sieben Milchkühe stehen aufgereiht und angekettet nebeneinander auf den uralten Holzbohlen und warten unruhig darauf, dass wir ihre schweren Euter vom Schmerz des Milchdrucks befreien. Danach entlassen wir sie zusammen mit den Jungtieren hinaus ins Freie auf die Weide.

Michaelas Alm ist eine sogenannte »Nachtalm«: tagsüber sind die Tiere im Stall und erst in der Abenddämmerung beginnen sie, frei über den Almboden zu wandern. So werden sie in den kühlen Nachtstunden nicht allzu sehr von Fliegen und anderen Insekten belästigt. Zudem reicht das frische Futter länger, denn die Tiere legen sich während der Nacht immer wieder zum Schlafen nieder und grasen also nicht die ganze Zeit über. Am frühen Morgen so gegen fünf Uhr weckt uns dann in der Regel das Gebimmel der heimkehrenden Kühe und Kälber, die den Weg zur Alm bis vor die Stalltür ganz von allein finden, um erneut gemolken zu werden.

Lediglich gegen Ende des Sommers werden wir uns gelegentlich morgens aufmachen müssen, um die Tiere zu suchen. Dann befindet sich so wenig Gras auf den Weideflächen, dass sich unsere Herde immer weiter weg in die umliegenden Berge verzieht, um genügend Futter zu finden. Weniger Gras im Bauch bedeutet in diesen letzten Almtagen dann auch weniger Milch im Euter. So verringert sich der innere Druck und unsere geliebten Rindviecher verspüren kein Bedürfnis mehr, rechtzeitig nach Hause zu kommen. Also heißt es in aller Herrgottsfrühe, und zuweilen noch im Dunkeln, rauf aufs Mountainbike, um im unwegsamen Gelände die verstreuten Kühe zu suchen und heimzutreiben.

Überhaupt sind das Leben und auch die tägliche Arbeit hier oben in den Bergen geprägt vom Rhythmus der Natur und vor allen von den Gewohnheiten der Tiere, die uns anvertraut sind. Die Arbeit ist hart und bietet wenig Ablenkung, das fällt mir gleich in den ersten Tagen auf. Tagein, tagaus wiederholen sich die einzelnen Arbeitsschritte – und freie Tage, wie den Sonntag, wo unten im Tal die Arbeit ruht, gibt es für uns beide auch nicht.

Noch während meine Schwester im Stall die Kühe der Reihe nach melkt, stehe ich in der Regel bei Wind und Wetter draußen auf der spärlich überdachten, hölzernen Veranda vor der Hüttentür und drehe die Kurbel. Mithilfe einer altmodischen, handbetriebenen Separiermaschine, im Grunde einer Zentrifuge, trennen wir täglich den fetten Rahm vom Rest der Milch, um die Magermilch dann anschließend an die vier kleinen Kälbchen im Stall zu verfüttern. Der Rahm wird in einem großen Plastikeimer gesammelt; alle paar Tage holt Michaela dann das strombetriebene Butterfass aus dem engen, steinernen Keller hervor und wir buttern zusammen.

In diesen ersten Tagen hier oben auf dem Almboden geht uns unser Tagwerk noch recht schwer von der Hand. Zudem ist es für die Jahreszeit, jetzt Mitte Juni, empfindlich kalt. Es regnet viel und ausgiebig und unsere Kühe kommen morgens nass und missmutig in den warmen Stall getrottet. Doch nicht nur das Rindvieh hat schlechte Laune, auch ich bin nicht gerade ein Ausbund an Fröhlichkeit. Ausgestattet mit Gummistiefeln, Kopftuch und Blaumann hänge ich schlaff über dem Stiel meiner Mistgabel und sehne mich nach einer dampfenden Tasse Kaffee und frischen, warmen Croissants. Doch das Vieh geht vor, da kennt meine Schwester kein Pardon, und die nächstgelegene Bäckerei, wo ich schnell mal ein paar süße Teilchen kaufen könnte, ist meilenweit entfernt, sprich für mich auf die Schnelle so unerreichbar wie die Sterne am Himmel. Und so schippe ich mit knurrendem Magen und müden Gelenken Kuhscheiße in ein quadratisches Loch im Boden, denn ein Großteil unseres Misthaufens, die Jauchegrube, befindet sich quasi unterirdisch, also direkt unter dem Stall.

Überhaupt meldet sich bereits nach ein paar Almtagen mein kleiner, innerer Schweinehund vehement zu Wort, um mir mitzuteilen, dass ihm erstens die Arbeit zu anstrengend ist und zweitens das Essen zu einseitig. Gewöhnt an die Stadt mit all ihren kulinarischen Versuchungen, die an jeder Ecke locken, fällt es dieser inneren Nervensäge ziemlich schwer, sich auf Bauernbrot mit Butter und Käse umzustellen – und das auch immer erst nach getaner Stallarbeit. Zwar kommt einmal die Woche unser Jungbauer Kilian mit dem Jeep hochgefahren, um uns mit zusätzlichen Lebensmitteln zu versorgen, doch irgendwie klappt das mit der Kommunikation zwischen ihm und uns nicht so recht. Selten befinden sich nämlich in dem mitgebrachten Weidenkorb jene gewünschten Lebensmittel, die wir via handgeschriebener Liste bei ihm bestellt haben.

Und so kämpfen wir uns regelmäßig durch fettarmen

Joghurt und Du-darfst-Wurstaufschnitt – hallo, wir arbeiten hier wirklich hart und verbrauchen täglich Fett und Kohlenhydrate en masse! – und schmieren uns dann zum Ausgleich pfundweise unsere selbst gemachte Butter aufs Brot. Ach, wie gerne hätte ich jetzt eine hauchdünne Scheibe edlen Schinkens auf kross getoastetem Weißbrot oder ein Stück Schokolade, dessen zarter Schmelz meinen Gaumen kitzelt, oder einen herrlich starken Cappuccino, gekrönt von einer fluffigen Milchschaumhaube! Und wenn wir schon dabei sind: Wieso bringt dieser Bauer eigentlich nie Süßigkeiten oder eine Flasche Wein mit hier herauf …? Doch da erhasche ich, über den breiten Rücken einer Kuh hinweg, einen mahnenden Blick meiner Schwester aus den Augenwinkeln, der Bände spricht – an ihr ist doch tatsächlich ein Oberfeldwebel verlorengegangen –, und beuge mich blitzschnell über den nächsten dampfenden Fladen, um ihn tapfer und nüchtern, sprich ohne jegliches energiespendendes Koffein in den Adern, auf dem unterirdischen Misthaufen zu entsorgen.

Unsere gemütliche »Kuchl«, wie man so eine urige Küche gemeinhin in Bayern nennt, ist gleichzeitig auch unsere Wohnstube. Alles ist schlicht und sehr karg eingerichtet, funktional eben. Zwei große Holztische nehmen dabei fast den gesamten Raum ein. An dem einen nehmen wir unsere Mahlzeiten ein; er steht direkt neben dem großen, eisernen Einschürofen mit den imposanten Klappen fürs Holz, auf dem den ganzen Tag über zwei große Töpfe mit Wasser vor sich hin sieden. Wir brauchen viel heißes Wasser, nicht nur für unseren Kaffee und für den täglichen Abwasch, sondern auch für das Melkgeschirr, dass nach jedem Gebrauch fein säuberlich ausgespült werden muss – nicht auszudenken, was passieren würde, wenn wir verunreinigte Butter beim Bauern abliefern würden! Der andere Tisch ist zum Arbeiten gedacht: Hier schreibe und lese ich. Meine Schwester führt dort ihr Besamungsbuch. Ein Schelm, wer Böses dabei denkt, aber es heißt tatsächlich so, doch dazu später mehr. Außerdem bastelt sie dort ab Mitte August aus buntem Krepppapier den Schmuck für die Kopfgebinde der Tiere zum Almabtrieb.

An den Fenstern unserer Hütte hängen hübsche grünweiß-karierte Vorhänge und den dunklen Herrgottswinkel über dem Esstisch ziert ein kleines, mit bäuerlichen Blumen bemaltes Hängekästchen, in dem sich unsere Notfallapotheke befindet. Michaelas winzige Schlafkammer liegt direkt neben dem großen Wohnraum und beherbergt neben einem schmalen Bett nur noch ein Regal mit ihren wenigen Habseligkeiten und eine kleine Kommode, in der Bettwäsche, Kleidung und Handtücher verstaut sind. Ich bin unter dem Dach untergebracht: ein großer Raum, mit mehreren Betten für Besucher oder verirrte Wandersleute, der sich direkt über dem Stall befindet.

Eine grob zusammengezimmerte Holztür mit einer uralten Eisenverriegelung führt von diesem Schlafraum aus auf einen schmalen Balkon hinaus, auf dem in zwei schlicht gezimmerten Kästen üppige Geranien in allen Rosatönen blühen. Von hier aus habe ich einen weiten Blick über den Almboden, der links und rechts von tannenbewachsenen Berghängen gesäumt ist. Mein Bett steht übrigens direkt unter dem einzigen kleinen Fenster, dessen Glas allerdings über die Jahre schlierig und fast blind geworden ist, sodass mich tatsächlich mein erster Weg jeden Morgen auf den Balkon führt, um überhaupt sehen zu können, wie das Wetter ist.

In diesem Jahr halten sich leider die Kälte und das unbeständige Wetter hartnäckig, ja es scheint fast so, als hätte der Sommer heuer keine Lust, sich blicken zu lassen, denn es regnet nach wie vor fast täglich wie aus Eimern – eine willkommene Gelegenheit, den Laptop auszupacken und drauflos zu schreiben.

Obwohl ich nun schon mit einigen Unterbrechungen ein paar Wochen hier oben lebe und selbst immer wieder das Stromaggregat mit aller Kraft anwerfe, damit es im Stall Licht werde, hab ich doch tatsächlich vergessen, dass ich auch für dieses moderne Gerät der Neuzeit Strom brauche. Klar, mein Laptop hat einen Akku, der es mir ermöglicht circa zwei Stunden kabellos zu arbeiten, doch dann ist Schicht im Schacht. Ich bin also darauf angewiesen, immer dann zu schreiben – oder den Akku aufzuladen –, wenn Melkzeit ist und der Generator mit seinem unsäglichen Lärm die Bergwelt zum Wackeln bringt. Allerdings sollte ich zu dieser Zeit auch meiner Schwester im Stall helfen, dafür bin ich ja da. Da ist guter Rat teuer und ich muss mir überlegen, wie ich beides unter einen Hut bekomme.

Wie selbstverständlich ich doch zu Hause beinahe täglich den Computer hochfahre, immer mit dem sicheren Wissen, dass genügend Strom aus der Steckdose fließen wird, um das kleine Kerlchen am Leben zu erhalten. An manchen Tagen läuft das Teil sogar den ganzen Tag von morgens bis abends. Als Autorin bin ich ja regelrecht darauf angewiesen, meine Ideen und Inspirationen gleich zu »Papier« bringen zu können. Zudem lebt mein Freund in England und wir beide halten unsere Fernbeziehung über viele Wochen hinweg täglich via Skype aufrecht. Ich muss sicher nicht extra erwähnen, dass es hier oben so etwas wie WLAN oder sonstige Netzzugänge nicht gibt. Und so beschleicht mich in den Tiefen meines Herzens zuweilen sogar die Sorge, ob unsere Liebesbeziehung diesen Sommer, so ganz ohne Skypekontakt, überhaupt überleben wird.

In Absprache mit meiner Schwester beginne ich immer sofort zu schreiben, wenn das Aggregat läuft. Also sitze ich jeden Morgen schon gegen fünf Uhr, mit vom Schlaf verklebten Augen und oft noch im Schlafanzug, am bereits erwähnten Arbeitstisch. Jedes Mal, wenn eine Kuh von Michaela fertig gemolken ist, laufe ich schnell hinaus auf die Veranda, um die Kurbel der Separiermaschine zu bedienen – dann geht's wieder hurtig zurück an die Tastatur, bis die nächste Kanne lauwarmer Milch draußen auf mich wartet. Sind abends alle Kühe auf der Weide und ist es an der Zeit, den Stall sauberzumachen, dann übernimmt von nun an manchmal meine Schwester die komplette Schicht. Dafür koche ich jetzt immer für uns beide, das macht sie eh nicht so gerne.

Das Melkgeschirr spülen wir aber wieder in trauter Zweisamkeit, denn danach gibt es ja Frühstück oder Abendessen, je nachdem. Wir sind gerade abends meistens total ausgehungert und können es kaum erwarten, etwas Essbares zwischen die Kiemen zu bekommen, jedenfalls ich nicht. Mein Magen übertönt jedes Mal dumpf grollend das freudige Muhen unserer Kuhdamen, wenn sie nach dem Melken hinaus auf die Weide entlassen werden. Hand in Hand geht es jedenfalls wesentlich schneller und man mag kaum glauben, aus wie vielen kleinen Einzelteilchen die Melk- und Separierutensilien zusammengesetzt sind; sie alle müssen für ihren nächsten Einsatz auf Hochglanz gebracht werden.

Im Sommer ist es abends lange hell, sodass wir bei

69

schönem Wetter draußen auf der Veranda unsere Brotzeit genießen können. Doch leider fällt dies oft ins sprichwörtliche Wasser und so sitzen wir meist bei Kerzenschein in der regendämmrigen Stube über einer dampfenden Nudelsuppe – unserem Standardessen hier oben. Gute Dienste erweisen uns gelegentlich die mitgebrachten Stirnlampen, die eigentlich dafür gedacht sind, nachts unbeschadet den Weg zum Plumpsklo im Stall zu finden. Zuweilen ist es trotz Kerzenlicht doch recht schummrig in unserer Bude, dann sorgt dieses zusätzliche Licht auch für ein bisschen mehr Übersicht auf dem Tisch. Wir lachen uns regelmäßig schlapp, wenn wir mit unseren Lampen auf dem Kopf kochen und essen – und uns dabei zwangsläufig immer wieder gegenseitig mit den grellen Lichtkegeln in die Augen blenden.

Unser Plumpsklo ist übrigens nichts für schwache Nerven. Es befindet sich in einer Ecke des Stalls, mit direktem Ausblick auf die Leitkuh, die nur durch eine Abtrennung aus alten Brettern vom Ort des Geschehens getrennt ist. Der kleine hölzerne Toilettenverschlag hat zwar auch eine Tür, doch schließt man diese, damit Pinzi, die Kuh, nicht ungeniert beim Verrichten der Geschäfte zusehen kann, wird es zappenduster da drinnen – außer man trägt natürlich besagte Stirnlampe. Also bleibt einem nichts anderes übrig, als seine intimsten Dinge mit den Rindviechern zu teilen und Auge in Auge mit der neugierigen Pinzi das zu tun, was normalerweise nicht in aller Öffentlichkeit getan wird – zumindest nicht unter uns Menschen. Und irgendwie ist es sogar seltsam befreiend, sich in trauter tierischer Runde zu erleichtern, doch darüber lässt sich sicher streiten.

Ich muss wohl nicht extra erwähnen, dass unser Klo

keine Spülung hat und lediglich aus einem ovalen Loch in einer hölzernen Sitzvorrichtung besteht, samt rudimentär gezimmertem Deckel mit Holzgriff. Die menschlichen Abfallprodukte landen im freien Fall auf dem bereits erwähnten unterirdischen Misthaufen und das benutzte Klopapier wird im Ofen in der Küche recycelt oder besser gesagt verbrannt.

So ein einfaches Leben auf der Alm verlangt nicht nur bei den meisten Alltagsverrichtungen die eine oder andere Einschränkung – dass wir hier oben z. B. keine Dusche haben und uns alle paar Tage mit dem Abwaschwasser vom Melkgeschirr säubern, ist für manche Besucher und Freunde von uns, die am Wochenende zuweilen den Weg hierher finden, schier unvorstellbar. Auch unser Miteinander auf kleinstem Raum ist oft ein hartes Ringen und mit Sicherheit zuweilen kein Spaziergang, und zwar für keine von uns beiden. In einer Welt, in der man sich eher aus dem Weg geht, als dass man ein gepflegtes Miteinander praktiziert, und viele von uns manchmal für Stunden im Cyberspace auf Kontaktsuche gehen, anstatt sich ins wahre Leben zu stürzen, ist so ein Dasein in einer kleinen Almhütte eine echte Herausforderung. Zum einen fehlt es hier gänzlich an Ablenkung, lediglich ein kleines batteriebetriebenes Radio dudelt abends zum Essen leise auf dem Fensterbrett vor sich hin. Aber da geht es auch schon los, denn der Musikgeschmack meiner Schwester unterscheidet sich recht deutlich von dem meinem. Und außerdem ist es schon alleine für sich gesehen schwierig, auf so engem Raum zusammenzuleben und zu arbeiten. Da wird schon mal des Öfteren der alte Spruch, dass »Blut dicker ist als Wasser«, gehörig auf die Probe gestellt, denn gerade Schwestern können ganz schön unterschiedlich sein,

71

sodass es nur so kracht im Gebälk. Im Grunde hätten wir es ja wissen müssen, denn schon vor Urzeiten flogen in unserem gemeinsamen Kinderzimmer nicht selten die Fetzen, sprich das Spielzeug der jeweils anderen oder sonstiges Kleinst-Mobiliar, wie beispielsweise Nachttischlampen oder Sitzhocker, an die Wand.

So schlimm ist es jetzt nicht mehr: Wir werfen nicht mit den frisch gelegten Eiern unserer fünf Hühner aufeinander oder kippen uns den Milchkübel gegenseitig über den Kopf. Aber eine unterschwellig angespannte Stimmung zwischen uns kann durchaus schon mal vorkommen. Und das ist auf solch engem Raum und ohne Fluchtmöglichkeit doch recht unangenehm.

Jede bringt ihr Leben und ihren eigenen Rhythmus von zu Hause mit ein. So ist Michaela zum Beispiel ein Ausbund an Reinlichkeit und Ordnungsliebe. Alles blitzt und blinkt vor Sauberkeit im Stall, in der Kuchl und auch vor der Hütte, während ich in Sachen Putzen schon gerne mal alle Fünfe gerade sein lasse. Wenn ich mich also am Nachmittag gemütlich mit einem Buch auf die Eckbank lege, dann holt sie schon mal den Putzeimer hervor, um die Fenster zu putzen. Danach ist dann gleich noch der Herd dran, obwohl der in meinen Augen eh schon so funkelt, dass einem dieselben wehtun. Meine fast schon unendlich große Toleranz für Staubfussel und Schlieren nervt meine Schwester ungemein und mich macht dieses ständige Herumwuseln im Gegenzug auch total kirre.

Bedeutet ein »einfaches Leben« nicht auch ein einfacheres und entspanntes Miteinander? Also nicht nur eine schlichtere Lebensführung, sondern auch einen freundlicheren Kontakt untereinander? Man könnte ja mal damit anfangen, auf Streit und Konflikt zu verzichten, und stattdessen versuchen, den anderen zu verstehen. Puh, das ist sicher keine leichte Aufgabe, aber ich will es in meiner verbleibenden Zeit mit Michaela auf der Alm versuchen.

Sehr viel leichter fällt mir der Kontakt zu den Tieren, die können schließlich nicht widersprechen oder gar wütend auf mich werden, weil ich mal wieder mit dreckigen Gummistiefeln in die gute Stube gelatscht bin. Neben unseren Kühen, Kälbern und den vier kleinen Kälbchen, die allesamt den Stall bis auf den letzten Platz belegen, sind wir auch noch stolze Besitzerinnen von fünf neugierigen Hühnern. Leider hat sich der Kilian, unser attraktiver Jungbauer, heuer aus unerfindlichen Gründen gegen ein Schwein entschieden und so ist der Outdoor-Schweinekoben, der sich draußen an die Stallwand schmiegt, verwaist.

Doch dafür hat sich ein Rotschwanzpärchen im Stall auf einem Holzbalken unter der niedrigen Decke, direkt über dem mächtigen Hintern unserer lieben Pinzi, häuslich eingerichtet, um dort ihre vier nimmersatten Jungen großzuziehen. Das gibt jedes Mal ein ohrenbetäubendes Gepiepse und Gekreische, wenn Mama oder Papa mit Nachschub im Schnabel im Sturzflug durch die scheibenlosen Stallfenster einrauschen, über der verdutzten Pinzi eine Extrarunde drehen, um dann so schnell wie möglich die weit offenen Mäuler zu stopfen.

Und dann gibt es da noch die drei putzigen kleinen Feldwiesel, die sich bei Sonnenschein, der sich in diesem Jahr ja bekanntlich recht wenig zeigt, wie ausgelassene Kleinkinder auf der Weide hinter dem Haus austoben. Die possierlichen Tierchen, mit ihren weiß leuchtenden Bäuchen und dem braunen Rückenfell, hüpfen und springen, dass es eine wahre Freude ist. Allerdings müssen Michaela und ich immer ganz still sein und dürfen uns nicht bewegen, nur dann wagen sie sich aus ihrem unterirdischen Bau heraus. Kaum schmeißen wir die Zentrifuge und das Aggregat zum Melken an, verschwinden die drei, flink wie die sprichwörtlichen Wiesel, wieder in der Unterwelt.

Das Domizil unserer fünf stolzen Hühner-Damen ist ein kleiner, viereckiger Holzkasten auf menschlicher Augenhöhe an der Außenwand des Kuhstalls, mit einem luftigen Drahtgeflecht zum Rausschauen und mit der obligatorischen Hühnerleiter fürs Federvieh, zum Erklimmen des Etablissements tagsüber, dann nämlich, wenn die Natur ruft und ein Ei das Licht der Welt erblicken möchte. Unsere Hühner betten gerne ihren Nachwuchs stilvoll im eigenen Wohnzimmer aufs Stroh und nicht in der freien Wildbahn, obwohl sie sich sonst den ganzen Tag über draußen rund um die Hütte herum aufhalten.

Senkt sich allerdings die Abenddämmerung über die Bergwelt, dann hat für Trudi, Frau Zilly und den Rest der Weiberwirtschaft die Freiheit in den Wiesen des Almbodens ein jähes Ende, denn im Schutze der Nacht macht sich Reineke Fuchs auf leisen Pfoten auf die Jagd nach schmackhaften Hühnerschenkeln. Helga, unsere Nachbaralmerin, hat schon den einen oder anderen Todesfall in den vergangenen Jahren beklagen müssen, weil sie ihre Hühnerschar, zu der auch noch ein stattlicher Hahn gehört, zu spät ins verschließbare Nachtquartier »eingeloggt« hat. Da hat das hysterische »Kikeriki« des kammgeschwollenen Chefs zur Warnung seines Harems leider auch nichts mehr genutzt, im Gegenteil, der stolze Gockel konnte froh sein, dass es nicht auch noch ihm selbst an den hübschen Federkragen ging.

Zu guter Letzt lebt hier oben in unmittelbarer Nähe der Hütte noch unser kleiner Bergfink, der sich jeden Morgen auf einem nahen Zaunpfahl niederlässt, um uns mit kleinen braunen Knopfaugen neugierig zu betrachten. Wir wissen nicht, wo der winzige Kerl sein eigenes Quartier aufgeschlagen hat, vielleicht im alten Holunderbusch, der seine schützenden Zweige über einen Teil der Veranda streckt. Aber er ist nie weit, kommt auch tagsüber immer wieder angeflogen und scheint bei uns regelrecht nach dem Rechten sehen zu wollen.

So sind wir neben all den vielen Pflanzen, die auf unserem Almboden wachsen und gedeihen, umgeben von Tieren, und dabei wurde meiner Schwester und mir ein liebevoller Bezug zu vierbeinigen Lebewesen im Allgemeinen nicht wirklich in die Wiege gelegt. Unsere Mutter hatte in jungen Jahren große Angst vor Tieren aller Art und dementsprechend »behütet« und abgetrennt von allem, was da kreucht und fleucht, sind wir auch aufgewachsen. Lediglich zwei bunte Kanarienvögel und eine kleine weiße Tanzmaus belebten einst für kurze Zeit unsere Kindheit. So grenzt es für uns alle fast an ein Wunder, dass nicht nur meine Schwester und ich, sondern auch unsere Frau Mama so eine tiefe Liebe zu unseren Kühen und den anderen Tieren hier heroben entwickelt haben. Denn gelegentlich findet unsere Mutter, nach getaner Arbeit unten im Tal – wo unsere Eltern leben – abends den Weg zu uns herauf, um beherzt im Stall mit anzupacken.

Vor allem die sanften Wiederkäuer machen es uns dreien aber auch wirklich leicht, wenn sie einen mit ihren großen, feuchten Augen anblicken. Vor allem unsere Kleinen, die Babys, die direkt neben der Türe zur Küche ihren Verschlag haben, lassen unsere Herzen schmelzen wie

Butter in der Sonne. Und so ist die Sorge groß, als eines von ihnen, das Giggerl, eines Tages schwer an Durchfall erkrankt. Für so ein kleines Wesen kann das den sicheren Tod bedeuten, klärt uns der eiligst herbeigerufene Tierarzt auf, denn nur wenige Wochen alte Kälbchen dehydrieren sehr schnell. Also setzen wir das Giggerl, genau wie uns Menschen in diesem Falle auch, auf Diät, sprich auf Schwarztee mit Salz vermischt, und hoffen inständig, dass alles gut geht. Der Tierarzt spritzt noch schnell ein Aufbaumittel, dann ist er auch schon wieder weg.

Ein paar Tage später ist unser Giggerl wieder wohlauf. Es stakst zwar noch ein bisschen wackelig auf seinen langen, dünnen Beinen über den Almboden, aber alle Anzeichen stehen für eine vollständige Genesung. Ihre Augen – Giggerl ist, wie alle anderen hier oben auch, ein Weibchen – sind wieder blank und schauen nicht mehr so müde und erschöpft in die Welt. Nur ihr Popo macht uns noch ein bisschen Sorgen. Giggerls Hinterseite ist seit dem Durchfall vollkommen kahl und rosa. Ständig hatte sich das kleine Kälbchen während seiner Krankheit das Hinterteil geleckt, wohl weil ihm der arme Popo vom vielen Kacken so brannte. Jetzt sprießt hier kein Fell mehr und so reiben wir jeden Morgen den kleinen, rosigen Babypo mit Sonnenmilch ein, damit sich das Giggerl draußen keinen Sonnenbrand holt.

Damit der Tierarzt überhaupt mit seinem Jeep den Weg hier herauf auf sich nehmen kann, müssen wir in einem Notfall wie diesem zum Telefonieren hinüber zur großen bewirtschafteten Alm laufen, die Gott sei Dank nur einen Katzensprung von uns entfernt ist. Dort kocht tagtäglich der Hans seine berühmten Käseknödel und auch sonst noch die eine oder andere Leckerei für müde Wanderer –

für seinen frisch gebackenen Käsekuchen ist er fast sogar so etwas wie eine Berühmtheit, die sich bis nach München herumgesprochen hat, sodass am Wochenende scharenweise Großstädter hierher pilgern, um sich am Kuchen gütlich zu tun.

Doch trotz Hans' modernem Zugang zur Welt der Telekommunikation, ist es immer wieder eine Zitterpartie, ob das Telefon dort auch wirklich funktioniert, denn nicht selten sind die Leitungen, weiß der Himmel warum, ins Tal runter tot. Aber zum Glück brauchen wir diese Verbindung zur Außenwelt nur recht selten. Lediglich den Besamer rufen wir noch regelmäßig via Telefon zu uns herauf, denn auch in diesem Fall muss es bekanntlich immer ruckizucki gehen. Sobald Michaela sieht, dass eine Kuh »stiert« – ich selbst habe leider kein Auge dafür – dann spurtet sie los, um den Besamer zu informieren. Als ich zum ersten Mal diese eigenartige Berufsbezeichnung gehört habe, endete ich prustend und um Luft schnappend auf der Eckbank, so lachen musste ich. Das wäre doch was fürs »heitere Beruferaten«, wobei ich mir die typische Handbewegung dabei im Detail gar nicht vorstellen mag. Nur einmal war ich im Stall mit dabei, als der nette, zierliche Herr – irgendwie hatte ich mir wohl vorgestellt, dass ein Mann mit solch einem außergewöhnlichen Beruf vielleicht selbst auch aussieht wie ein Bulle und nicht wie ein kultivierter Standesbeamter – seinen ellenlangen Plastikhandschuh über den Arm streifte, um diesen dann mitsamt dem Samen des auserwählten Spenders im Innenraum der Kuh zu versenken – von hinten natürlich. Damit war für mich die Sache gegessen und ich schaute nie wieder zu! Einige Monate später brachte unsere Wilma dann ihr Baby zur Welt, allerdings im heimischen Stall drunten im Tal, denn die Almzeit war da schon längst vorüber. Manchmal kommen die kleinen Kälbchen allerdings auch hier oben zur Welt, dann spielt meine Schwester oft ganz allein auf sich gestellt die Hebamme.

An besonders langweiligen Abenden holen Michaela und ich immer wieder Mal den Katalog mit den eindrucksvollen Bildern der zeugungsfähigsten Zuchtbullen Deutschlands hervor und lassen uns für die nächste Besamung, die so sicher kommt wie das Amen in der Kirche, inspirieren. Als Sennerin hat Michaela das Privileg, die »Väter« für ihre Kälbchen selbst auszusuchen, und wir machen in diesem Sommer, sehr zu unserem Vergnügen, leidlich Gebrauch davon. Irgendwie scheint die Bergluft unsere jungen Kuhdamen nämlich ganz schön munter zu machen und so wird auf der Weide fröhlich »gestiert«, was das Zeug hält. Dabei hüpft die eine Kuh der anderen recht ungelenk von hinten auf den Allerwertesten – angeblich ein untrügliches Zeichen dafür, dass die »Behüpfte« für eine Schwangerschaft bereit ist.

Mit der Zeit ist es fast so, als würden wir uns durch ein Magazin für Frauen blättern, das es sich zur Aufgabe gemacht hat, uns mit den schönsten Männern weit und breit zu beglücken. Zu unseren Favoriten zählen ein schwarzweißer Holsteiner, dessen breiter Rücken auch einem Berggorilla gut stehen würde, und ein hübscher drahtiger Pinzgauer, dessen braunes Fell nicht nur wegen der Hochglanzseiten des Katalogs schimmert wie Seide.

Unsere Leitkuh Pinzi ist übrigens, wie ihr Name schon verrät, auch das Produkt eines Pinzgauers, zur Hälfte jedenfalls, denn ihre Mutter Zenta ist ein heimisches oberbayerisches Fleckvieh. Vor zwei Jahren ritt meine Schwester wohl ein bisschen der Teufel, denn sie suchte sich im

Katalog heimlich die Samen eines stattlichen Pinzgauers heraus, wohl wissend, dass so eine Kreuzung beim Lindmaier-Bauern nicht gern gesehen ist. Die Überraschung war dann auch dementsprechend groß, als die Pinzi das Licht der Welt erblickte, denn durch ihr schönes rötliches Fell war auf den ersten Blick sichtbar, dass da bei der Befruchtung nicht alles mit rechten Dingen abgelaufen ist. Sei's drum, mittlerweile ist Pinzi selbst eine stolze Mutter, die stoisch ihr rotbraunes Erbgut weitergibt, und die ganze Aufregung um ihren Erzeuger ist längst Schnee von gestern.

Seit ich hier oben nun also vermehrt mit Tieren zu tun habe, erkenne ich, wie viel Arbeit und Verantwortung dahintersteckt, sie alle gesund und am Leben zu erhalten, aber ich entdecke auch noch etwas anderes im täglichen Umgang mit all den Viechern um mich herum, seien es nun unsere uns anvertrauten »Haustiere« hier auf der Alm oder die Geschöpfe der freien Wildbahn um uns herum: Es sind alles Lebewesen, die fühlen und Empfindungen haben, und sie wollen genauso glücklich und gefahrlos leben wie wir Menschen.

Das gleiche zärtliche Gefühl stellt sich ein, wenn ich morgens in den Stall komme und mich die großen Kulleraugen unserer vier Kälbchen, darunter auch das halbnackte Giggerl, still und erwartungsvoll anblicken: »Wann gibt's denn endlich was zum Futtern?« Ihre kleinen, feuchten Nüstern blasen warme Atemluft in mein Gesicht und die extrem rauen Zungen suchen sich gierig einen Weg zu meinen Händen, um dann fordernd und kräftig an meinen Fingern zu saugen, bis die erlösenden Milchkübel mit frisch gemolkener Magermilch – die Zentrifuge hat bereits in einer ersten Runde den Rahm von der Milch getrennt – endlich die lang ersehnte Erlösung bringen. Dann gibt es kein Halten mehr und unsere süßen, friedvollen Racker verwandeln sich in ungestüme Wildfänge, deren einziges Interesse darin liegt, sich in so kurzer Zeit wie möglich den Inhalt der randvollen Eimer und somit das kostbare Elixier ihrer Mütter einzuverleiben.

Im Laufe meiner Wochen hier oben auf der Alm wird mir immer klarer, wie hart und beschwerlich so ein abgeschiedenes Leben im Einklang mit der Natur und mit unseren Tieren ist. Der Sommer hält nicht, was er uns im Mai, kurz vor dem Almauftrieb, versprochen hat. Damals waren die Tage heiß und von Licht erfüllt. Und der Himmel entfaltete jeden Morgen sein strahlend blaues Tuch. Jetzt, gegen Ende Juli und nach sechs Wochen Almzeit, haben wir schön langsam die Hoffnung aufgegeben, dass sich die dicken grauen Wolken jemals wieder verziehen werden. Abgesehen von ein paar milderen Tagen Ende Juni regnet es weiterhin schier ohne Unterlass.

Für uns Almleute bedeutet das schlechte Wetter nicht nur erschwerte Bedingungen beispielsweise draußen an der Zentrifuge, wir müssen auch unsere Tiere jetzt schon, viel früher als in den anderen Jahren, suchen gehen, denn sie kommen nicht mehr freiwillig zurück nach Hause in die Ställe, um gemolken zu werden. Der ewige Regen hat zwar das Gras durchaus satt sprießen lassen, aber das Futter reicht definitiv nicht. Außerdem hätte es schon auch gelegentlich ein paar Sonnentage gebraucht, damit der Almboden mal wieder trocken wird; alles steht unter Wasser und Schlamm und Schlick lassen das Vieh stellenweise bis zu den Knöcheln versinken. Also verziehen sich unsere lieben Rindviecher in die höheren Gefilde, um dort nach Nahrung und überhaupt nach trockenen Orten zu suchen, denn der nasse Boden bekommt ihren Klauen gar nicht gut.

Manchmal dauert es bis zum frühen Nachmittag, bis wir alle Tiere in den umliegenden Bergen gefunden, sie eingefangen und zusammengetrieben haben. Dabei helfen uns natürlich zuweilen auch unsere Alm-Nachbarn, der Franz und die Helga – der Hans hat selten die Zeit, seinen Platz hinter dem Herd zu verlassen –, doch die beiden haben meist selbst genug damit zu tun, ihre eigenen Tiere zu suchen und zu versorgen. Und so machen Michaela und ich uns, angetan mit riesigen Regenmänteln aus dem Fundus des alten Schustermann-Bauern, oft in aller Herrgottsfrühe allein auf den Weg hinaus in die regnerische und neblige Bergwelt, immer dem Geräusch der bimmelnden Glocken unserer Herde nach.

Selbst die paar Tomatenpflanzen, die hinten an der Stallwand tapfer gegen Wind und Wetter trotzen, würden ja quasi wie von selbst wachsen, so optimal ist eigentlich ihr Standort, doch die ständige Nässe lässt die meisten Stängel schon im Ansatz verfaulen. Demnach ist unsere Ausbeute äußerst gering und so müssen wir unseren Bestand mit Tomaten aus Holland und Frankreich aufstocken, die uns der schöne Kilian jede Woche aus dem Supermarkt vom Tal unten mit nach hier oben bringt.

Von vornherein hatten meine Schwester und ich ausgemacht, dass ich nicht die gesamte Almzeit bei ihr verbringen würde. Zum einen rufen mich ja noch andere Projekte, die ich im Rahmen meines Selbstversuchs angehen möchte, und zum anderen sind die gesamten hundert Tage zu zweit auf so kleinem Raum für uns beide nicht vorstellbar. Zu Beginn, als die Hoffnung noch groß war, dass sich wenigstens das Wetter zum Guten ändern würde, hatte ich es bedauert, dass ich nicht den ganzen Sommer mitmachen würde, doch jetzt, wo zwischen uns beiden die Luft nicht nur immer feuchter, sondern auch dicker wird und mir die ewig gleiche Arbeit keine Freude mehr macht, bin ich froh, dass wir damals gemeinsam einen Zeitrahmen von mehr oder weniger sechs Wochen gesteckt hatten. Ende Juli neigt sich meine Almzeit hier oben also schön langsam dem Ende entgegen. Ich lasse meine Schwester natürlich auch schweren Herzens zurück, denn nun weiß ich aus eigener Erfahrung, was ihr bis zum Ende der diesjährigen Almzeit noch bevorsteht. Mich quält das schlechte Gewissen, sie hier oben ganz allein zu lassen, doch ich weiß auch, dass von nun an unsere Mutter vermehrt helfend einspringen wird – und dem Giggerl wächst seit einigen Tagen auch wieder weicher Flaum am Popo nach. Alles wird gut!

Susanne zappt und entrümpelt

Ein mühsamer Fernsehentzug und

Nippesalarm im Wohnzimmer

Nach den arbeitsreichen Wochen auf der Alm meiner Schwester fällt mir die Umstellung, zurück in meiner Wohnung in München, doch recht schwer. Die ersten Tage bin ich regelrecht reizüberflutet von all den Menschen, dem Lärm und den Dingen, die eine große Stadt so mit sich bringt. Und auch in meinen eigenen vier Wänden ist es nicht recht viel besser, denn die sind mit allerlei Krimskrams bis unter die Decke regelrecht vollgestopft. Bevor ich mich Ende August aufmachen werde, um einige Zeit in einem schlichten Zenkloster zu verbringen, beschließe ich, die kommenden Wochen bis zu meiner Abreise mit der »Vereinfachung« meiner Wohnung, sprich mit einer Entrümpelungsaktion, zu verbringen. Außerdem könnte ich doch auch gleich die Gelegenheit nutzen und meinen Fernseher entsorgen, wir beide haben nämlich ein eigenartiges Verhältnis zueinander, das man am besten mit dem Wort Hassliebe umschreiben könnte.

Auf der Alm beschränkte sich die Einrichtung unserer Stube nur auf das wirklich Wesentliche; lediglich hier und da mal eine Kerze als Dekoelement unter dem Herrgottswinkel oder ein schönes Tischtuch über den Esstisch gebreitet, das war's dann auch schon. Nach dem Essen gingen wir sehr zeitig zu Bett, denn am nächsten Morgen mussten wir früh aufstehen. Nur unser kleines Radio bot uns manchmal Zerstreuung in den Nachtstunden und wiegte uns mit seinem Gedudel sanft in den Schlaf.

Bevor ich meine Ärmel hochkremple, um Neuland in meinen vier Wänden zu gewinnen, wage ich mich an ein Experiment der Sonderklasse: Ich will mein Suchtverhalten in Sachen Fernsehen testen. Wie viel Zeit verbringe ich eigentlich mit Fernsehen und wie fühlt es sich an, wenn ich eine Zeit lang ganz aufs Fernsehen verzichte? Vereinfacht der Verzicht auf die Flimmerkiste mein Leben und bekomme ich dadurch vielleicht sogar mehr Lebensqualität? Und wenn ja, in welcher Form?

Erschreckende Studien von Wissenschaftlern, die sich eingehend mit dem Phänomen von Fernsehen, Internet und Co. beschäftigt haben, zeigen, dass sich ganze Dorfgemeinschaften in den sogenannten »Dritte-Welt-Ländern« untereinander entfremden und entzweien, wenn plötzlich die moderne Welt in Form dieser Geräte Einzug in das vormals intakte soziale Gefüge hält.

Wo man also früher noch abends mit den Nachbarn über den Gartenzaun hinweg redete, um den neuesten Klatsch und Tratsch auszutauschen, wo man miteinander ein Liedchen in trauter Runde sang oder vielleicht sogar mit der ganzen Familie ein Brettspiel zu Hause spielte, da herrscht jetzt, rein zwischenmenschlich gesehen, um den halben Erdball herum regelrecht Funkstille auf den Dorfplätzen und in den Wohnzimmern – nur all die Millionen, nein, Milliarden Fernseher flackern bläulich vor sich hin und halten uns in ihrem zweidimensionalen Bann. Freilich nicht immer und überall, aber der Trend weist erschreckend eindeutig in Richtung Rückzug in die virtuelle Scheinwelt. Dieser Tatsache will ich jetzt mutig ins Auge blicken, um zu erfahren, was das Leben jenseits von künstlich erzeugten, elektromagnetischen Fernsehwellen für mich so alles noch zu bieten hat.

Zurück von der Alm beäuge ich also nun erst einmal meinen kleinen, tragbaren Fernseher mit Skepsis – die Studienergebnisse der Wissenschaftler noch lebhaft vor Augen – und überlege, wie ich meinen Versuch gestalten möchte. Soll ich gleich wieder für ein paar Tage lang in meine allabendlichen Fernsehrituale einsteigen, um unmittelbar an die Zeit vor der Alm anzuknüpfen, in der ich gerne und regelmäßig ferngesehen habe? In diesem Fall freilich ganz bewusst, quasi als Selbststudie in eigener Sache; oder soll ich die Flimmerkiste bis auf Weiteres ihrem Schicksal überlassen und mir andere abendfüllende Beschäftigungen suchen?

Ich entscheide mich für den direkten Vergleichsversuch: Zwei Wochen lang werde ich jeden Abend ohne Pause zappen, was das Zeug hält, um danach meinen Fernseher in den Keller zu tragen und zu schauen, ob ich auf Entzug komme – um so im direkten Vergleich herauszufinden, wie sich diese beiden Gegensätze anfühlen. Ja, das ist eine herrliche Idee. Ich werde eine ethnologische Feldstudie an mir selbst betreiben. Titel: »Der moderne Mensch und sein Fernsehverhalten«.

Gesagt, getan. Ich starte meinen Fernsehversuch an einem Samstagabend mit einer großen Fernsehshow. Zur Feier des Tages habe ich mich sogar mit ein paar Süßigkeiten eingedeckt – wenn schon, denn schon!

An diesem ersten Abend gebe ich allerdings, zu meiner eigenen Überraschung, recht schnell wieder auf. Die vielen schnellen Bilder überfordern mich regelrecht, bin ich doch noch das Ruhige und Gemächliche auf Michaelas Almboden gewöhnt. Und obwohl ich ansonsten eine echte Kampf-Zapperin bin, bleibt heute die Fernbedienung unangetastet neben mir liegen. Ich bin schon mit dem einen Programm überfordert. Außerdem kommen mir große Teile der Spielshow vollkommen sinnentleert vor. Warum verschwende ich meine kostbare Zeit überhaupt mit solch einem Kram? Und stopfe mich noch dazu dermaßen mit ungesundem Zeug voll, sodass mein Bauch anschwillt wie ein Ballon und ich Mühe habe, überhaupt den Bildschirm zu erkennen. Ich liege nämlich, wie jeder halbwegs normale und durch und durch durchschnittliche Fernsehzuschauer auch, auf dem heimischen Sofa, an dessen Fußende sich der Fernseher auf einem kleinen Beistelltischchen befindet.

Irgendwo habe ich mir mal einen sehr weisen Satz des bekannten Schweizer Meditationslehrers Akincano Marc Weber notiert: »Medienunterhaltung ist zu siebzig Prozent palliative Pflege, um sich nicht selbst spüren zu müssen, und nur zu dreißig Prozent wirkliche Unterhaltung.« In Anbetracht dieses Klamauks, der da gerade über die Mattscheibe flimmert, erinnere ich mich plötzlich wieder an diese Worte, und ich muss zugeben, da ist echt was dran. Ich schalte aus und gehe entnervt ins Bett.

Am nächsten Abend sitze ich wieder vor der Flimmerkiste, denn schließlich bin ich ja inmitten eines Versuchsprojekts. Heute habe ich Glück, denn auf jedem zweiten Sender läuft ein Programm, das mich interessiert – und prompt erwacht die Zapperin in mir wieder zu neuem Leben. Binnen kürzester Zeit verfalle ich in meine alte Gewohnheit, das Angebot der verschiedenen Fernsehsender häppchenweise zu konsumieren. Das muss irgendwie in den Genen liegen, denn auch mein Vater zappt sich quasi jeden Abend einen heißen Daumen. Dann liegt er nach einem langen, stressigen Arbeitstag vollkommen tiefenentspannt auf der heimischen Couch, hält die Fernbedienung wie eine Pistole im Anschlag und lässt sich dauerberieseln. Neben sich auf dem Boden einen riesigen Jutesack mit Erdnüssen, deren poröse Schalen er krachend zwischen den Zähnen knackt. Sehr zum Leidwesen meiner Mutter, die das ganze Gebrösel nach einem erfolgreich hinter sich gebrachten Fernsehabend wieder aufsaugen muss.

Wenn mein Vater und ich gemeinsam fernsehen, was mittlerweile lediglich nur noch einmal im Jahr stattfindet, und zwar an Heiligabend – nach der Bescherung, mit viel Alkoholischem und zu vorgerückter Stunde –, verlassen binnen kürzester Zeit meine Mutter und meine Schwester immer vollkommen frustriert das Wohnzimmer, weil sie dem ständigen Programmwechsel emotional nicht gewachsen sind. Mein Vater und ich schauen uns dann nur grinsend an, während er weiterhin die Fernbedienung Richtung Fernsehgerät hält, kippen uns noch einen Baileys hinter die Binde – den gibt es auch immer nur an Weihnachten –, um dann vergnügt unsere Achterbahnfahrt durch die mediale Welt fortzusetzen.

Ich bin also eindeutig erblich vorbelastet und deswegen schaue ich eben mal kurz in eine Kultursendung auf 3sat rein, um mich dann gleich wieder von einer Dokumentation über aussterbende Tierarten für einige Minuten auf ARTE fesseln zu lassen. Den Abendfilm, so eine richtig schöne Schnulze auf einem der Privatsender, ziehe ich mir natürlich auch noch rein, wobei mir die Werbepausen recht gelegen kommen, da kann ich dann wieder umschalten, um zu sehen, was anderswo läuft. Nach circa fünf Stunden Dauerberieselung, die wie im Flug vergangen sind, kann ich mich recht schwer von meinem Fernseher trennen, dennoch drücke ich auf den Aus-Knopf, den ich vor lauter Nachflimmern im Kopf auf der Fernbedienung erst einmal gar nicht finden kann. Erst jetzt bemerke ich, wie aufgedreht ich bin – von wegen »runterkommen«, ich bin regelrecht »hochgedreht«. Vom gepriesenen Entspannungsfaktor bemerke ich echt keine Spur. Nach einer kurzen Katzenwäsche – es ist doch schon recht spät geworden – falle ich in einem eigenartigen Zwischenzustand von starrer Müdigkeit und flattriger Aufgeregtheit ins Bett.

Nach einer Woche Dauerfernsehen jeden Abend brauche ich in der Regel fast zwei Stunden, um mich danach im Bett einigermaßen zu beruhigen. Schier Tausende von kleinen Bildchen und Einstellungssequenzen jagen durch mein völlig überfrachtetes Gehirn. Die gesehenen Sendungen vermischen sich in meinem Kopf zu einem einzigen Brei und halten mich wach. Zudem scheint der Rest meines Körpers irgendwie auf Droge zu sein. Es fühlt sich an, als ob sich jede einzelne Körperzelle auf Karussellfahrt begeben hätte; meine Nerven kribbeln und vibrieren leicht. Zusätzlich stelle ich einige weitere beunruhigende Symptome an mir fest: Meine Beine bewegen sich manchmal zuckend unter der Bettdecke, als wollten sie nach einem gesehenen Krimi entschlossen die Verfolgung aufnehmen, und meine Augen können sich auch im geschlossenen Zustand nicht mehr wirklich entspannen; sie schmerzen ein bisschen in ihren Höhlen und die Lider klappen immer wieder erschrocken auf und ich starre minutenlang dumpf in die Dunkelheit, als hätte ich zuvor noch nicht lange genug in die sprichwörtliche Röhre gesehen. Irgendwie komme ich mir langsam vor wie ein Zombie.

Am allermeisten erschreckt mich das enorme Suchtpotenzial, das ich beim Fernsehen entwickle. Schon nach drei Tagen kann ich abends nicht mehr »ohne«. Ich schalte immer zur gleichen Zeit automatisch ein, ohne mich vorher zu informieren, was überhaupt gesendet wird und ob etwas Interessantes für mich dabei ist. Ich konsumiere wahllos und liege vor der Flimmerkiste wie ein gestrandeter Wal – gruselig ist das. Denn auch mein Essverhalten ändert sich radikal: Ich esse nebenher und hole mir immer wieder Nachschub aus der Küche in Form von Süßigkeiten und Knabbereien. Außerdem gewöhne ich es mir an, auch mein Abendbrot vor dem Fernseher einzunehmen. Am Ende der vierzehn Tage habe ich nicht nur »viereckige Augen« – damit drohte meine Mutter uns Geschwistern immer, wenn wir zu oft vor der Glotze saßen –, sondern auch mein Hosenbund zwickt bedenklich.

Mein Fazit nach diesen zwei Wochen fällt recht ernüchternd aus: Würde ich so weitermachen, dann wäre ich binnen kürzester Zeit total vereinsamt, davon bin ich überzeugt – und vermutlich auch vollkommen übergewichtig. Um meinen Versuch so seriös wie möglich auszuführen, verzichtete ich während der letzten Zeit selbstredend auch auf diverse Treffen mit meinen Freunden. Ich stellte mich also voll und ganz in den Dienst als Versuchskaninchen. Im Ausgleich dafür bekam ich die meiste Zeit ein total schlechtes Fernsehprogramm vorgesetzt, das ich trotzdem wie eine Geisteskranke konsumierte. Und obwohl sich in der modernen Medienlandschaft auch diverse »anspruchsvolle« Sender und Sendungen tummeln, hat sich meine Allgemeinbildung nicht wesentlich verbessert; die ganzen Informationen, samt Nachrichten und Feuilleton, versinken irgendwie in einem flackernden Einheitsbrei.

Alles in allem bin ich also doch sehr erleichtert, als ich nach zwei Wochen meine kleine tragbare Kiste packe, um sie hinunter in den Keller zu befördern. Sicher ist sicher, ich möchte nicht gleich am ersten Abend meiner fernsehfreien Zeit erneut in Versuchung geraten. Doch das ist leichter gesagt, als getan, denn mein innerer Schweinehund ist da ganz anderer Meinung. Kaum senkt sich die Dämmerung über die Dächer der Stadt, beginne ich, wie ein Tiger im Käfig auf und ab zu laufen. Mir ist schrecklich langweilig und ich sehne mich nach einer meiner neuen Lieblingssendungen, die in ein paar Minuten beginnen wird.

Obwohl ich seit meiner Kindheit eine wahre Leseratte bin und sich auch gerade mal wieder einige ungelesene Werke neben meinem Bett stapeln, habe ich einfach keine Lust, zum Buch zu greifen – ich will fernsehen! Mein ganzes Sehnen richtet sich nach der Mattscheibe; ich bin entsetzt darüber. An diesem ersten Abend komme ich genauso schwer zur Ruhe wie nach meiner ersten langen Fernsehnacht vor zwei Wochen. Ich bin doch tatsächlich auf Entzug. Hinzu kommt, dass sich meine besten Freunde Dagmar, Fabian, Maria und Andreas auch nicht so schnell wieder mobilisieren lassen, um die Ödnis zu füllen und um einen gemeinsamen Abend miteinander zu verbringen. Ich habe die vier in den letzten vierzehn Tagen ganz schön vernachlässigt und deswegen ist es auch kein Wunder, dass sie sich nun anderweitig verabredet haben.

Und so sitze ich nun allein in meiner Küche und mümmle lustlos an meinem Abendessen herum. So ganz ohne Berieselung macht mir das Essen irgendwie gar keinen Spaß mehr. Ich bin es nicht mehr gewohnt, nur eine Sache zu machen. Ich langweile mich schrecklich dabei und sehne mich nach Unterhaltung zu meinen Nudeln mit Tomatensoße. Frustriert gehe ich an diesem Abend früh zu Bett, weil ich nicht weiß, was ich sonst mit mir und den angebrochenen Nachtstunden anfangen soll.

Im Laufe der nun folgenden zwei Wochen ohne Fernseher entdecke ich, wie schnell einen so ein technisches Gerät am Wickel haben kann, denn es braucht tatsächlich einige Anstrengung, um von der abendlichen Gewohnheit des Fernsehens wieder wegzukommen. Dabei bin ich eigentlich kein Mensch, dem es schnell langweilig wird, doch mit einem Mal tut sich da eine mir unbekannte Leere auf, auf die ich erst einmal keine Antwort habe. Und so schleiche ich in den ersten Tagen meines Entzugs durch die Wohnung, mit meinen Gedanken oft unten im abgetrennten Kellerabteil des Mietshauses, in dem ich wohne, wo mein Fernseher nun ein einsames Dasein fristet, immer mit der starken Versuchung, einfach kurz runterzugehen, um das Ding hochzuholen und so meiner Qual ein Ende zu bereiten. Es ist fast so, als hätte eine fremde Macht von mir Besitz ergriffen.

Nach zwei, drei Tagen beginne ich, die freie Zeit langsam wieder zu genießen. Meine innere Anspannung und das starke Sehnen nach Dauerberieselung lassen nach. Zunächst beginne ich damit, kleine Abendspaziergänge hinunter an die Isar zu machen, die nur einen Katzensprung von meiner Wohnung entfernt in ihrem breiten Kiesbett durch die Stadt rauscht. Ich ziehe ganz allein los, immer kurz vor der Dämmerung. Die Sommerabende sind jetzt lau, endlich hat es sich ausgeregnet, und bis in die späten Abendstunden hinein mit sanftem Licht erfüllt. An den Ufern des Flusses sitzen und liegen die Menschen in Grüppchen, zu zweit oder auch ganz für sich allein, um der glitzernden Strömung zuzusehen. Es wird gegrillt, gelacht, getrunken und vereinzelt hört man das leise Gedudel eines mitgebrachten Radios. Die Atmosphäre ist entspannt und heiter. Ich fühle mich an schöne Urlaubstage in Italien erinnert und schlendere immer weiter den Fluss entlang, bis ich meine Hand kaum mehr vor Augen sehen kann.

In diesen ersten Tagen wandere ich durch die Abenddämmerung, als müsste ich all die Gestalten aus der Flimmerkiste erst abschütteln; manche halten sich recht hartnäckig in meiner Erinnerung und es dauert tatsächlich seine Zeit, bis ich mich von ihnen befreit habe und ich das »wahre Geschehen« um mich herum wieder ungefiltert wahrnehmen kann. Danach kann ich allerdings gar nicht genug von all den Gerüchen, Bewegungen und Bildern bekommen, die um mich herum auftauchen. Die virtuelle Welt entlässt mich langsam aus ihren Fängen und der Begriff »Fernsehen« gewinnt eine zusätzliche Bedeutung. Steckt darin nicht auch das sprichwörtliche »In die Ferne sehen« – und zwar im ursprünglichen und im übertragenen Sinne? Und so beginne ich zusätzlich während so mancher Abend- oder sogar Nachtstunden in meinem Schaukelstuhl auf meinem überdachten Balkon zu sitzen, auf dem ich vor Wind und Wetter geschützt bin, um vor- und zurückwippend meine Gedanken und Träume auf die Reise zu schicken. Ich starte einfach mein eigenes Kopfkino und das ist viel besser als jedes Fernsehprogramm der Welt.

Oder ich sitze in einer lauen Sternennacht eben einfach nur schaukelnd da und schaue »fern«: die hübschen Körbchen der zahllosen Cosmea im Balkonkasten vor mir strecken ihre Gesichter dem dunklen Himmel entgegen und sind nur schemenhaft erkennbar. Zarte Wicken verströmen ihren betörenden Duft und die Umrisse der umliegenden Häuser grenzen sich scharf und schwarz von der seidig blauen Nacht ab. Ich sehe bizarre Wolkengebilde am fast vollen Mond vorüberziehen und schaue heimlich und unentdeckt auf meinem dunklen Balkon in die hell erleuchteten Fenster meiner Nachbarn. Das reale Leben, kostenlos und dreidimensional inmitten der Stadt – und ich habe auch noch einen Logenplatz. Herrlich, ich schaue fern, ohne fernzusehen!

Manchmal gehe ich aber auch aus und treffe mich zum Essen mit Freunden in einer meiner Lieblingskneipen. Meine Freunde haben mich wieder in ihre Terminkalender aufgenommen und ich genieße es, mit ihnen zusammen zu sein, um gemeinsam zu genießen, zu lachen und zu plaudern. Doch am allerliebsten bin ich mit mir allein, wer hätte das gedacht! Ich lese, schreibe und ab und zu pinsle ich sogar an einem meiner unvollendeten Ölbilder herum, die schon seit Jahren verwaist in einer Ecke stehen und sehnsüchtig nach frischer Farbe dürsten.

Nach zwei Wochen Fernsehentzug ist mir klar, wie ich zukünftig mit der Flimmerkiste umgehen will: Sie bekommt einen festen Platz im Keller und ich hole sie nur dann nach oben, wenn ich im Fernsehprogramm etwas Interessantes entdeckt habe. Das Zappen kann ich nach wie vor nicht wirklich lassen, ich bin einfach zu neugierig, was sonst noch so auf den anderen Kanälen läuft. Meist nutze ich dann die Werbepausen, um mal kurz durchzuhuschen.

Ich denke, wenn ich das kleine Monster immer in meiner Wohnung stehen hätte, dann würde ich viel öfter anschalten, denn ich bin in dieser Hinsicht mit Sicherheit suchtgefährdet. Also habe ich mir diese Hemmschwelle mit dem Keller eingebaut, um mich selbst auszutricksen. Und so verzichte ich auch schon mal dankend auf vier Stockwerke Schlepperei und mache es mir stattdessen – im Sommer zwischen duftenden Wicken, rosaroten Cosmea und rankenden Feuerbohnen, im Winter dick in Wolldecken eingemummelt – auf meinem Balkon gemütlich.

Unter uns gesagt, mein selbst gewählter Fernsehentzug ist echt rein gar nichts gegen die Aufgabe, die mich nun als

Nächstes erwartet: das Entrümpeln meiner Wohnung. In jedem einschlägigen Ratgeber ist zu lesen, dass das Entsorgen von verstaubtem Nippes in den eigenen Wänden die Seele aufatmen lässt. Man schafft angeblich nicht nur im Zuhause Raum für Neues, nein, auch im Innersten ist plötzlich wieder Platz für neue, kreative Ideen und Gedanken. All der Krempel, der sich bis unter die Dachgaube stapelt, soll also im übertragenen Sinne der »Leichtigkeit des Seins« im Wege stehen. Und er ist, will man den Experten Glauben schenken, auch noch Sinnbild für alte Glaubens- und Denkmuster, die unser Vorwärtskommen im Leben behindern. Wer viel besitzt, den plagt angeblich ein »nostalgisches Festhalten« an der Vergangenheit! Ganz schön starker Tobak.

Pah, diese schlauen Autoren und Autorinnen waren eben noch nie bei mir zu Gast! Ich bin quasi leicht wie eine Feder, jedenfalls was die »Leichtigkeit des Seins« betrifft, und meine Ideen und Visionen entstammen nicht nur meinem Gehirn, sie stapeln sich auch in meiner Wohnung bis unter die Decke in unzähligen Regalen; ich bin eine bekennende Leseratte und ein Leben ohne Bücher kann ich mir überhaupt nicht vorstellen. Aus meinen Büchern ziehe ich Anregungen und Inspirationen und jetzt soll ich ausmisten und manch geschriebenes Werk vielleicht sogar aussortieren und der nächsten Bücherei spenden – ach du meine Güte!

Zudem bin ich oft auf Reisen und war bereits in jungen Jahren um den halben Erdball herum unterwegs. Unzählige Mitbringsel zieren jeden freien Platz meiner Drei-Zimmer-Wohnung; ich bin umgeben von asiatischen Buddhafiguren, afrikanischem Kunsthandwerk und sonstigem Nippes und Kitsch aus aller Herren Länder. Habe ich es übrigens schon erwähnt? Ich liebe Kitsch. In meiner Küche habe ich mir extra eine Kitschwand eingerichtet, an der die »grausamsten« Exponate, die ich weltweit finden konnte, hängen. Auch der schrecklichste Kitsch hat seine Daseinsberechtigung, wie ich finde, und ich betrachte mich irgendwie als eine Retterin von »Kulturgut«, das sonst keiner haben will. Und jetzt soll ich mich vielleicht auf Nimmerwiedersehen davon trennen? No way! Aber ich will ja neue Erfahrungen machen und werde nun tapfer in den sauren Apfel beißen.

Als ich zu Beginn dieses Selbtversuchs einer lieben Freundin von meinem bevorstehenden Entrümplungsversuch erzählte, brach diese, genau wie meine Mutter übrigens auch, in schallendes Gelächter aus und schickte mir postwendend folgende kleine Rabbi-Geschichte, die mich während der ganzen Aktion immer wieder über Wasser hielt, dann nämlich, wenn ich drohte, vor Verzweiflung inmitten all des Krempels sang- und klanglos unterzugehen:

Auf seiner Durchreise beschloss ein fahrender Händler, den berühmten Rabbi der Stadt aufzusuchen, um sich von dem weisen, alten Mann ein paar Ratschläge geben zu lassen. Als er den Raum, in dem der Rabbi wohnte, betrat, staunte er über dessen Kargheit. Lediglich ein einziger Stuhl – auf dem der Rabbi saß – befand sich in einer Ecke des Zimmers. An der gegenüberliegenden Wand stand ein schmales, hölzernes Bett, darüber ein kleines Bücherregal. Die wenigen Kleider des Gelehrten hingen an einem Haken hinter der Tür.

»Herr, wo sind denn deine ganzen Möbel?«, fragte der Reisende den alten Mann verdutzt.

»Nun, mehr, als du in diesem Zimmer siehst, besitze ich nicht«, sagte der Rabbi. »Aber wo sind denn deine Möbel?«

»Weiser Mann, meine Möbel sind zu Hause, ich bin doch nur auf der Durchreise!«, entgegnete der Händler belustigt.

»Na, dann haben wir ja etwas gemeinsam: Ich bin auch nur auf der Durchreise!«, sagte der Rabbi und lachte schallend.

Es ist schon unglaublich, was sich da im Laufe des Lebens so alles an Besitztümern ansammelt. Wie meine Großmutter schon immer verschmitzt lächelnd bemerkte: »Wir können nichts nach drüben mitnehmen!« Es sei denn, ich würde eine ganze Lastwagenkolonne mieten!, denke ich still vor mich hin, als der Tag des Entrümpelns endlich gekommen ist. Aber da hätte Petrus an der Himmelspforte sicherlich etwas dagegen, wenn ich in männlicher Lkw-Fahrer-Begleitung und mit all dem Zeug im Schlepptau bei ihm anklopfen würde.

Schon am frühen Morgen stehe ich also nun mit hochgekrempelten Ärmeln und in Jogginghosen – es wird sicher viel Staub aufgewirbelt werden – in meinem Arbeitszimmer und betrachte leicht überfordert jenes Bücherregal, das zuerst dran glauben muss. Wo anfangen? Die Bücher stehen aus Platzmangel zweireihig hintereinander und sind nach Themen geordnet. Ich beginne mit den Nordpolexpeditionen, darin habe ich seit Jahren nicht mehr geblättert. Ich ziehe den ersten Bildband mit den Abenteuern von Fridtjof Nansen aus dem Regal und ... fange an zu lesen! Also, das kann auf keinen Fall weg! Ich habe doch glatt vergessen, wie spannend diese Expeditionsbücher sind. Außerdem erinnern sie mich ganz sentimental an die Beziehung zu meinem Vater, denn der hatte mir als kleines Mädchen schon die Abenteuer von Entdeckern und Reisenden nahegebracht und somit einen Grundstein für meine eigenen späteren Reisen gelegt.

Für mich gab es nichts Schöneres, als auf die Heimkehr meines Papas nach der Arbeit zu warten, in der Hoffnung, dass er mal wieder mit einem neuen Buch für mich nach Hause kam. »Bücher sind Freunde, die dich nie verlassen werden!«, sagte er mir immer wieder. Ich glaube übrigens, dass ich eines der wenigen Kinder überhaupt war, denen es ausdrücklich erlaubt wurde, stundenlang auf der Toilette zu lesen. Mein Vater hatte extra direkt neben der Kloschüssel auf einem Beistelltischchen ein kleines Depot mit Comics und Abenteuerromanen bereitgelegt; meine Mutter und meine Schwester lasen nicht so gerne, die beiden klopften dann immer genervt an die Klotüre, wenn ich mich mal wieder festgelesen hatte. Ach, du meine Güte, ich schwelge ja schon beim ersten Buch, das mir in die Hände fällt, in Erinnerungen – das kann ja heiter werden!

Einschlägige Entrümpelungsexperten weisen in ihren Fachschriften immer wieder darauf hin, dass man sich am schwersten von Gegenständen trennt, die mit Emotionen, und da vor allem mit positiven Erinnerungen und Gefühlen, »aufgeladen« sind. Längst vergangene »Glücksmomente«, die beispielsweise in Form von Büchern oder irgendwelchem Nippes bis heute in den Regalen und Schränken schlummern und die einen daran hindern, die Vergangenheit hinter sich zu lassen. Vielleicht ist das der Grund, dass eine Stunde später erst wenige alte Bücher in meiner großen Pappschachtel, die neben mir auf dem Boden steht, gewandert sind.

Da ist z. B. dieses unsäglich grausame Buch über die Geschichte des Bösen, das mir einst – warum auch immer! – meine erste ganz große Liebe Roland geschenkt hat. Ich war damals süße siebzehn Jahre alt und unsterblich in diesen vier Jahre älteren Typen verliebt, der sich sein Geld neben der Schule als Unterwäschemodel verdiente. Allerdings sah man auf den tollen Fotos nie seine Beine, denn Roland besaß leider nicht die angemessene Modelgröße, die sicher bis in die heutigen Tage hinein über seinen einsfünfundsechzig liegt. Die fehlende Beinlänge machte mein Lover allerdings mit umwerfendem Charme, einem durchtrainierten Oberkörper und jeder Menge Grips im Oberstübchen wieder wett. Außerdem besaß er damals schon einen skurrilen Sinn für Humor, dem auch jenes ungewöhnliche Buchgeschenk für mich entsprang. Er fand, der Titel passe so gut zu mir. Bis heute habe ich nicht begriffen weswegen, denn ich betrachte mich weder als gewalttätig noch als eiskalt oder berechnend. Alles Eigenarten, denen der Autor in seinem Meisterwerk haarklein versucht, auf den Grund zu gehen.

Seit jener Zeit schleppe ich nun das seitenstarke Ding, vor dem mir immer graute, es zu lesen, mit durch mein Leben – als nostalgische Erinnerung an eine Beziehung.

Tatsache ist also: Es fällt mir wirklich schwer, mich von all diesen Geschichten rund um meine Bücher zu trennen – Glücks- und Unglücksmomente hin oder her!

Und zudem dokumentiert all dieses beschriebene und bebilderte Papier ja auch meinen enormen Wissensdurst und meine Neugierde für alles Fremde und Neue. Es gab Phasen in meinem Leben, da sammelte ich kunstvoll gestaltete Kinderbilderbücher, um anschließend in den faszinierenden Bann der französischen Maler des Paris zu Beginn des zwanzigsten Jahrhunderts zu geraten. Ich interessierte mich eine Zeit lang für Containerschiffe (!) und folgte dann den Spuren mittelalterlicher Mönche, Nonnen und Kreuzritter auf ihren beschwerlichen Pilgerreisen ins gelobte Land. Schon allein meine Reiseführer bevölkern mehrere Meter Regalbretter, dabei sind einige von ihnen gut zwanzig Jahre alt und für einen geplanten Trip heutzutage nicht mehr zu gebrauchen.

Übrigens stehen nicht nur in meinem Arbeitszimmer Bücherregale, die bis hinauf zur Decke reichen. Ich habe meine gesamte Wohnung nach Themen eingeteilt. Betritt man den Eingangsbereich und damit den Flur, dann warten auf meine Besucher unzählige Romane und eine nicht zu verachtende Anzahl von Esoterikratgebern, New-Age-Literatur und Werken der buddhistischen Philosophie. Auch die Krimis haben hier ihren angestammten Platz. In der Küche tummeln sich natürlich allerhand Kochbücher, die sich mittlerweile schon am Boden stapeln und die zum Teil auch bereits ins Gästezimmer ausgelagert werden mussten; dort befinden sich alle Geschichtsbücher sowie Naturführer und Gartenbildbände.

Vor mir liegt also eine große Aufgabe, so viel ist schon mal klar. Und wenn ich schon dabei bin, mich hier offiziell als geradezu wahllose Büchersammlerin zu outen: Im Keller befinden sich noch ausrangierte Kinderbücher und weitere anregende Literatur aus allen Sparten und Themengebieten, die man sich nur vorstellen kann. Leider habe ich in meinem Kellerabteil längst den Überblick verloren, was tief blicken lässt, glaubt man den bereits erwähnten Entrümpelungsexperten. Die schreiben nämlich, dass der Keller eines Hauses Sinnbild ist für das Unterbewusstsein seiner Bewohner. O je, demnach ist mein Unterbewusstsein hoffnungslos überfrachtet mit lauter unbrauchbarem Mist, denn ich glaube nicht, dass ich schon erwähnt habe, dass dort unten neben den Büchern unter anderem auch eine Kiste mit ungeöffneten Bierflaschen steht, die seit meinem Einzug vor mehr als fünfzehn Jahren mit sehr großer Wahrscheinlichkeit abgelaufen sind – ich werde demnächst einmal nachsehen gehen, versprochen. Von alten Zeltstangen, drei original bayerischen Dirndlkleidern von meiner Mutter, die ich niemals tragen werde, alten Schlitten und Skiern, einer Reiseschreibmaschine, zwei Weinregalen (leider ohne Inhalt), einem Holzkohlegrill ohne Beine, einem Elektrogrill ohne Heizspiralen, leeren Pappkartons und all dem anderen Krimskrams möchte ich jetzt gar nicht sprechen. Man könnte ja sonst noch beginnen zu glauben, dass ich ein Messie sei. Wenn das so weitergeht mit meiner hoffnungslosen Entrümpelei, dann glaub ich zum Schluss selbst noch dran.

(Ein paar Monate später kommt mir dann in Sachen Keller doch noch das Schicksal zu Hilfe und zwar leider in der unschönen Form eines Wasserrohrbruchs. Binnen Minuten ist mein komplettes Kellerabteil knöcheltief geflutet und das meiste der oben aufgezählten Dinge ist vollkommen durchweicht und für immer unbrauchbar geworden. Als nach Tagen des Abpumpens und Trocknens der ganze Schaden sichtbar wird, hilft nur noch das Ordern eines großen Containers, der mich und meine Mitbewohner im Haus von all dem Krempel befreien soll. Und so nehme ich seltsamerweise mit leichtem Herzen und gar nicht traurig

Abschied von so manchem Teil, das mich vermutlich bis zu meinem Lebensende begleitet hätte. Mein Fernseher überlebte übrigens auf einem ausrangierten Küchenschrank.)

Doch zurück zur Zeit vor meinem »Glück«: Ich beginne tatsächlich beherzt mit dem konsequenten Ausmisten der Bücherregale. Blöderweise habe ich im Laufe der Jahre nicht nur Bücher gesammelt, die dort ihren Platz gefunden haben, ich finde auch massenhaft alte, zerkrümelte Räucherstäbchen in den hinteren Gefilden, sprich in zweiter Reihe, uralte Stadtpläne, die längst veraltet sind, und ungeheure Mengen von losen Buntstiften – auch eine meiner zahllosen Sammelleidenschaften!

Außerdem muss es wohl einst irgendwo eine Ausschreibung für heimatlose Staubfussel gegeben haben, in der mit dem Bau einer großen Staubfusselkolonie in meiner Wohnung geworben wurde, ähnlich wie in dem Comic »Asterix und die Trabantenstadt«, den ich als Kind geliebt habe. Ich selbst habe von der Ausschreibung natürlich nichts mitbekommen, dementsprechend trifft mich jetzt der Schlag in Anbetracht der »Staubhochhäuser« in den Ecken meiner Regale. Für solche Fälle habe ich Gott sei Dank ein Asthmaspray, das ich mir griffbereit zur Seite gelegt habe, ich bin nämlich, man mag es kaum glauben, hochgradig allergisch gegen Staub! Bisher habe ich mich allerdings geradezu stoisch gegen einen wirklichen Ausbruch der Krankheit gewehrt.

Am Ende dieses ersten Tages bin ich vollkommen erschöpft und durchgeschwitzt. Zwei große Pappschachteln habe ich ausschließlich mit Büchern gefüllt und zum Verschenken vor die Eingangstür unseres Mietshauses auf den Gehsteig gestellt. Binnen weniger Stunden ist alles weg. Hey, die Menschen lesen ja, allen Unkenrufen zum

Trotz! Ich selbst fühle mich irgendwie traurig und leer, gar nicht erleichtert und befreit, wie es in meinem Ratgeber steht. Was ist nur los mit mir? Ich vermisse meine Freunde, auch wenn ich sie schon seit Jahren nicht mehr aus dem Regal gezogen habe, um in ihnen zu blättern und zu schmökern. Doch jetzt fehlen sie mir richtig; hoffentlich haben sie es gut bei ihren neuen Besitzern! Den Rat einer Entrümpelungsexpertin aus meinem Freundeskreis, doch Fotos von den Dingen zu machen, bei denen es mir besonders schwerfällt sie wegzugeben, habe ich geflissentlich ignoriert. Dann könnte ich nämlich gleich ein ganzes Fotoalbum von Buchcovern anlegen – und ein neuer Staubfänger wäre geboren.

Mit einem mulmigen Gefühl gehe ich an diesem Abend früh zu Bett. Eine eigenartige Form von Verlassenheit kriecht aus den Tiefen meines Unterbewusstseins und bemächtigt sich meiner – aber mein Keller, und somit besagtes Unterbewusstsein, ist ja auch noch irgendwann mit Ausmisten dran, ob die beiden nun wollen oder nicht! Und dann wird auch meine Seele wieder heiter und frei werden, das hat mir dieser Ratgeber schließlich schriftlich gegeben. Beruhigt falle ich in einen tiefen Schlaf, dessen Träume bevölkert sind von Dingen und Gegenständen, die angetan mit großen, weißen Engelsflügeln glücklich und befreit über einen wolkenlosen Himmel trudeln, um dann in den unendlichen Weiten auf Nimmerwiedersehen zu verschwinden.

Am nächsten Morgen sitze ich mit einer Tasse Kaffee in meiner Küche und schaue mich noch etwas schlaftrunken um: Auch hier wird es einiges zu tun geben. Doch Eile mit Weile, zuerst wartet mein Arbeitszimmer auf seine finale Entschlackung. Bis ich mich durch die ganze Wohnung gearbeitet habe, wird es sicher einige Tage dauern. Heute Morgen bin ich, die lustig und locker schwebenden Habseligkeiten aus meinem Traum noch vor Augen, zuversichtlich: Ich werde mich trennen können, das wäre ja gelacht.

Just in diesem Moment fällt mir über meiner dampfenden Tasse eine Übung ein, die ich vor einiger Zeit in einem buddhistischen Buch gelesen habe. Ich muss gleich mal das Buch herauskramen, hoffentlich habe ich es gestern nicht in einem Anfall geistiger Umnachtung mit den anderen Unglücklichen vors Haus gestellt!

Aber ich weiß die Übung auch so noch: Die Autorin schlägt in ihrem Buch vor, sich von jenen Dingen zu trennen, die einem wirklich ans Herz gewachsen sind. Also nicht von dem alten Zeugs, das eh keiner mehr haben will und für das ich selbst auch keine Verwendung mehr habe, soll ich mich verabschieden, sondern vom wirklich Liebgewonnenen. Hintergrund dieser vordergründig doch recht eigenartigen Übung ist die Vorstellung, dass wir, wie meine Großmutter ja auch schon so weise wusste, ins Jenseits nichts mitnehmen können und uns dementsprechend von allem, sogar von unserem Körper, einmal unwiderruflich trennen müssen. Das fällt naturgegeben schwer und deshalb ist es ratsam, schon mal während unseres Lebens gelegentlich das Loslassen zu üben – und nicht erst auf dem Totenbett, wo uns eh nichts anderes übrigbleiben wird.

Da ist es doch ein glücklicher Zufall, dass in wenigen Tagen mein bester Freund Andreas Geburtstag hat und ich mir nun schon ewig einen Kopf mache, was ich ihm wohl schenken könnte. Ich beschließe spontan, die Loslass-Übung sofort in die Praxis umzusetzen, und gehe in meiner Wohnung auf die Jagd nach einem passenden Geschenk für ihn. Ein bisschen nagt das schlechte Gewissen freilich schon an mir, denn im Grunde schickt es sich nicht, einfach etwas »Gebrauchtes« in buntes Geschenkpapier zu wickeln und dann zu verschenken. Doch sofort verwerfe ich den Gedanken – ich lasse mir doch von wildfremden Menschen nicht vorschreiben, wie ich mich verhalten soll! – und nehme mir vor, etwas zu finden, was ich wirklich von Herzen gern habe und wovon ich mich infolgedessen schwer trenne.

Langsam wandere ich durch die Wohnung und denke dabei an Andreas und an unsere sehr spezielle Freundschaft. Was macht unsere Verbindung aus und wo haben wir Gemeinsamkeiten, die sich auch in meiner Wohnung wiederfinden? Es macht Spaß so spielerisch zu denken. Andreas ist rein wohntechnisch gesehen genau das Gegenteil von mir, sehr Zen könnte man sagen, also klare Linien und wenig Tand, um es auf den Punkt zu bringen. Also kann es kein Einrichtungsgegenstand von mir sein und über Nippes würde er sich sicher auch nicht freuen. Uns verbinden eher der Humor, das Lachen und unser tiefes Interesse für esoterisches und philosophisches Gedankengut; darüber können wir uns stundenlang unterhalten.

Ich bleibe vor dem entsprechenden Regal im Flur stehen. O nein, davon kann ich nun wirklich nichts verschenken! Das wäre doch, als würde ich all meine Herzensweisheiten weggeben und verstoßen, meine Inspirationen, das, was mich am tiefsten bewegt! »Aber genau darum geht es doch in dieser Übung, meine Liebe!«, flüstert mir ein inneres Stimmchen zu, »nur zu, such dir was Nettes aus!«

Es dauert lange, bis ich mich endlich entschieden habe

und eine DVD aus dem dritten Regal von oben ziehe: »Monte Grande – Was ist Leben?« Der Film beschreibt das Leben des Naturwissenschaftlers Francisco Varela. Obwohl ich nicht einmal ein entsprechendes Gerät besitze, musste ich mir einst einfach diesen Film kaufen, nachdem ich ihn begeistert im Kino gesehen hatte. Und gelegentlich nehme ich ihn nun mit zu Freunden, die technisch besser ausgestattet sind als ich, um ihn mir anzusehen, oder werfe die Scheibe in meinen alten Laptop. Zwar wackelt da das Bild und der Ton hinkt auch immer eine Millisekunde hinterher, sodass der gute Francisco seine Lippen nicht entsprechend seiner Worte bewegt, trotzdem ergreift mich der Film immer wieder aufs Neue.

Ich habe aufgegeben zu zählen, wie oft ich mich schon in das faszinierende Leben und Wirken dieses früh verstorbenen Mannes hineinversenkt habe. Diese DVD zu verschenken bedeutet für mich eindeutig einen herben Verlust – doch ich will es wagen. Andreas wird dieses Geschenk sehr schätzen und es entsprechend zu würdigen wissen, wenn ich ihm bei Gelegenheit den Hintergrund dazu erzähle; ja, mehr noch, er wird sich sicher sehr darüber freuen.

Ich werde dich vermissen!, denke ich, während ich die schmale Plastikhülle in buntes, blumenbedrucktes Papier einpacke. Na ja, zur Not bestelle ich mir eben eine neue, ich schau gleich mal nach, ob sie noch lieferbar ist. Stopp, meine Liebe, jetzt lass erst mal das Alte los, bevor du dich um Nachschub kümmerst, geht sofort und mit mahnend erhobenem Zeigefinger mein strenges Entrümplungs-Über-Ich dazwischen. Na gut, ich seh's ja ein! Außerdem macht eine selbstlos verschenkte DVD noch lange keinen Sommer in Sachen Aussortieren und Wegschmeißen; es wartet noch viel Arbeit auf mich, denn nun heißt es wieder in die Hände gespuckt und weiter geht's mit der Entrümpelei! Während das hübsch verpackte Geschenk nun auf der Kommode im Flur auf seine baldige Übergabe wartet.

Heute geht mir das Aussortieren schon viel leichter von der Hand als gestern. Mit den Bücherregalen im Arbeitszimmer bin ich mittlerweile durch – leider ist die Ausbeute nicht allzu groß, schließlich brauche ich doch auch noch einen gewissen Grundstamm für meine Recherchen als Autorin, oder? – und jetzt geht es dem ganzen Kleinkram an den Kragen. Massenweise alte Ordner und Papierschnitzel, auf die ich vor Urzeiten mal was »schrecklich Wichtiges« gekritzelt habe, fallen nun meiner Aufräumwut zum Opfer. Ich sortiere meine alten Pinsel aus und werfe die hoffnungslos mit brüchiger Farbe verklebten Lappen in den Müll. Über viele Jahre hinweg habe ich mich nämlich mehr oder weniger erfolgreich als Künstlerin versucht, davon zeugen noch alte, unvollendete Leinwände und das eine oder andere Gemälde an meinen Wänden.
Alles in allem bin ich sehr zufrieden mit meinem Werk, auch wenn man als Außenstehender auf den ersten Blick vielleicht keine allzu große Veränderung im Arbeitszimmer feststellen kann. Die Restmülltonne unten im Hof ist jedenfalls schon gut gefüllt und am Papiercontainer bin ich heute, bepackt wie ein Muli, auch schon zweimal gewesen. Ich fühle mich innerlich auch schon viel leichter und klarer – oder ist das nur Einbildung?
Am Abend werde ich zur Feier des Tages mit meiner Freundin Maria zum Schnitzelessen gehen, denn ich habe

so ein eigenartig drängendes Gefühl, dass ich mich, im Gegenzug zu meiner Entrümpelungsaktion quasi, so richtig schön vollessen muss. Ganz nach dem Motto: Ist die Wohnung halb entschlackt, haut die Susanne dafür umso doller rein. Ob das politisch so korrekt ist? Oder hab ich da was ganz Wesentliches in meinem Ratgeber überlesen? Auch egal, jetzt wartet erst einmal Maria in meiner Stammkneipe auf mich, mitsamt Riesenschnitzel und Kartoffelsalat – lecker!

In den folgenden beiden Tagen fresse ich mich wie die kleine Raupe Nimmersatt vom Arbeitszimmer über den Flur. Ich bilde mir ein, bestimmt schon, trotz Schnitzel-Zwischenstopp, ein bis zwei Kilo an Körpergewicht verloren zu haben, denn all dieser schwere Krempel will schließlich auch aus der Wohnung entsorgt werden, sonst macht das Ganze ja gar keinen Sinn. Jedenfalls schlackert meine Hose ein bisschen am Bund – ich entschlacke also zeitgleich mit meinen eignen vier Wänden, wie witzig! Das steht übrigens nirgendwo im Entrümplungsbuch und sollte in einer Neuauflage doch dringend erwähnt werden, denn solch ein kleiner Diäterfolg zieht weibliche Käuferschichten meist magisch an.

Obwohl ich ja eine engagierte Kochkursleiterin bin und gelegentlich auch in einem kleinen Münchner Café am Herd stehe, kann meine Küche keinesfalls als professionell bezeichnet werden. Alles ist bunt zusammengewürfelt und ich besitze nicht einmal eine richtige Arbeitsfläche, sondern schneide mein Gemüse auf einem alten wackeligen Bistrotisch direkt neben dem Herd. Auch Einbauschränke sucht man bei mir vergeblich – nur ein uraltes Küchenbuffet, das ich vor vielen Jahren günstig auf einem

Flohmarkt erworben habe, bietet Platz für Geschirr, Besteck, Töpfe und Pfannen.

Und so türmen sich an allen erdenklichen Ecken und Enden, und somit quasi in freier Wildbahn, Gewürzdosen und anderes Küchenzubehör, ohne dass für Außenstehende eine wirkliche Ordnung erkennbar wäre. Zudem stapeln sich in einem kleinen Regal – und vor allem auch davor auf dem Boden – Unmengen von Kochbüchern in allen erdenklichen Sprachen, wobei ich eigentlich neben meiner Muttersprache nur noch Englisch leidlich spreche und verstehe. Da könnte man also ganz gut was aussortieren und vielleicht bei Ebay verkaufen. Wie wäre es zum Beispiel mit dem burmesischen Kochbuch in Landessprache, für das ich immer noch keinen fähigen Übersetzer gefunden habe? Das Buch weist übrigens nicht einmal Bilder auf, sodass einem nur der schnörkelige Text vor den Augen verschwimmt, wenn man es öffnet. Von Benutzen kann also überhaupt nicht die Rede sein.

Also beginne ich erst mal mit meiner Spüle bzw. mit dem Schränkchen unterhalb des Beckens. Schwungvoll reiße ich die Türe auf und ... werde regelrecht überrollt von einer Lawine aus Plastiktüten; fast falle ich rückwärts hinüber – da ist es gut, dass ich eh schon auf dem Boden sitze! –, solche Massen kommen mit entgegen. Ich muss mir eindeutig vor ein paar Jahren eine beeindruckende Plastiktütensammlung zugelegt haben, ohne dass es mir so recht bewusst gewesen ist.

By the way, was machen eigentlich all die kleinen Papiertütchen vom Bäcker inmitten des Chaos? Wieso hab ich denn jedes Tütchen von meinen Einkäufen dort aufbewahrt? Mir wird ehrlich gesagt etwas mulmig. Vielleicht bin ich im Grunde so ein hoffnungsloser Fall, der irgendwann mal komplett vermüllt, ohne dass ich es bisher bemerkt habe. Eines jener armen Geschöpfe, die sich kleine Pfade durch ihre Wohnungen treten müssen, weil alles vermüllt und verdreckt ist, und denen ständig eine Räumungsklage von einem wütenden Vermieter droht. So ein Messie eben, bei dem die Menschen nur noch mit Schutzanzügen und Atemmasken über die Schwelle treten. Solche Bilder habe ich übrigens zuhauf während meiner Zeit des Dauerfernsehens auf diversen Kanälen gesehen, die es mit dem Schutz der Privatsphäre nicht so genau nehmen. Ja, es flimmern sogar ganze Serien zu diesem Thema über die Mattscheibe, alles angeblich solide recherchiert und doch immer auf Kosten dieser verzweifelten Menschen, die vor lauter Müll in ihren Wohnungen weder ein noch aus wissen.

Ich muss mich erst mal setzen – aber ich sitze ja bereits … und zwar, wie bereits erwähnt, am Boden und inmitten eines Haufens aus alten Plastiktüten. Blitzschnell springe ich auf und packe den ganzen Kram in die zwei größten Tüten, die ich finden kann – davon habe ich ja nun wahrlich genug. Nichts wie weg mit dem Zeug, bevor mich noch jemand in flagranti damit erwischt.

Ein paar Minuten später komme ich vollkommen verschwitzt vom großen Plastikcontainer zurück, der, dem Himmel sei Dank, gleich am Ende unserer Straße steht. Der Tütenberg ist weg und ich kann nun ganz entspannt in das Innere meines Schränkchens spähen, um zu erkunden, ob sich da drinnen vielleicht doch noch ein paar Schätze verbergen. Doch außer einem alten Dampfkochtopf, den ich schon seit ewigen Zeiten suche wie die Stecknadel im Heuhaufen, ein paar Flaschen mit Putzmitteln, die über die Jahre hinweg total eingetrocknet sind, und einer Handvoll alter Staubsaugerbeutel, deren zugehöriges Gerät schon vor Urzeiten das Zeitliche gesegnet hat, finde ich nichts. Ich wische Boden und Wände mit einem feuchten Tuch aus, entsorge, was zu entsorgen ist – und habe plötzlich neuen Raum geschaffen. Entzückt halte ich inne, denn erstmals in den Tagen des Entrümpelns offenbart sich mir sichtbar das, was mein Ratgeberbüchlein ständig anpreist wie Sauerbier: leerer Raum, Platz, Luft und Klarheit. Und das ausgerechnet unter der Spüle!

Dieser Durchbruch spornt mich zu neuen Taten an und so werde ich von nun an immer mutiger. Dass mir ausgerechnet dieses unscheinbare Schränkchen einmal die beglückende Wirkung eines leeren Raumes aufzeigen würde, damit habe ich nun wirklich nicht gerechnet. Im Zenbuddhismus wird diese schlichte Klarheit übrigens immer wieder beschrieben, und ein Zenmeister namens Dogen, der im zwölften Jahrhundert gelebt hat und der neben seiner Tätigkeit als Lehrer auch noch als Küchenchef in seinem Kloster arbeitete, sagte mal sinnbildlich folgende weise Worte: »So wie es in deiner Küche aussieht – beispielsweise in den Schränken oder unter der Spüle (Anmerkung der Autorin) –, so sieht es auch in deinem Geist aus. Also halte penibel Ordnung, arbeite sauber und sorgfältig und bemühe dich um klare Strukturen.« Bingo! Bin schon dabei, lieber Dogen! Und da ist mit Sicherheit auch etwas zutiefst Wahres dran. Das mit den klaren Strukturen werde ich aber wohl nicht ganz so einwandfrei hinbekommen, denn ich befürchte, dass dies meinem Charakter zutiefst zuwiderläuft. Ich bin eben eher der »verschnörkelte Typ« – und so sieht auch meine Wohnung aus.

Ich werde wohl nie der Mensch sein oder werden, bei dem alles geschleckt, alphabetisiert und ausgerichtet wie die Zinnsoldaten in den Regalen steht. Und ich werde mit Sicherheit weiterhin heimatlosen Staubkolonien eine Zuflucht bieten, wenn auch zuweilen unfreiwillig – wo sollen sie in einer oft so sterilen Welt, die bevölkert ist von Putzsüchtigen und Bakterienphobikern, auch sonst hin? Ich bezweifle auch, dass ich meine Büchersammelleidenschaft jemals in den Griff bekommen werde – aber das mit den Plastiktüten werde ich ernsthaft reflektieren, ich denke darauf kann ich in Zukunft vielleicht verzichten.

Meine Wohnung wird alles in allem weiterhin eher barock überladen als zenmäßig reduziert sein, aber es zeichnet sich doch ein Silberstreifen am Horizont ab: Ich beginne Raum zu schaffen. Sicher nur im Kleinen, mal hier eine Schublade, mal da eine verstaubte Ecke, die bisher von einem alten Beistelltischchen, auf dem sich verblichene Papiere und Manuskripte zuhauf stapelten, zugestellt war, aber immerhin! Ich versuche nicht mehr, einfach nur zu entrümpeln, sondern verfolge nun die Idee, mir und meinem Geist mehr Platz zu gönnen – und das lässt mein Herz tatsächlich aufatmen.

Im Rückblick muss ich leider zuweilen feststellen, dass sich meine freigeschaufelten Räume oft sehr schnell und fast schon auf magische Weise wieder gefüllt haben. Wie eine Elster stopfe ich immer wieder mein Nest mit neuen Schätzen voll. Ähnlich wie mein Geist, der gerne übersprudelt vor lauter kreativer Einfälle und Gedankenkonstrukte, quillt auch meine Wohnung in periodischen Abständen immer wieder über. Es können Monate vergehen, bis ich mich wieder aufraffe, um erneut Platz zu schaffen.

Ist es dann allerdings mal wieder so weit, dann belohnt mich diese Arbeit mit einem inneren Gefühl von Leichtigkeit und Freiheit – es ist dann, als wäre ein frischer Wind durch meine Wohnung und durch meine Seele gefahren, um all den unnötigen Ballast mit sich fortzutragen.

Und noch eine neue Eigenschaft beobachte ich in der Folgezeit durch diese Entrümpelungserfahrung an und in mir: Ich bin wacher in Sachen Konsum geworden. Zwar greife ich immer noch gerne zu, wenn es darum geht, einer besonders kitschigen Kreation ein neues Zuhause zu geben – erst neulich konnte ich beim Anblick eines aufziehbaren Salzstreuers in Form eines rosafarbenen Vogels auf kleinen Plastikrädern nicht widerstehen –, aber immerhin halte ich jetzt manchmal kurz einen Moment inne, bevor ich das tue. Will meinen, ich registriere jetzt wenigstens des Öfteren, was gerade passiert, und könnte mich rein theoretisch auch dagegen entscheiden. Rein theoretisch wohlgemerkt, denn das Vögelchen war dann doch zu süß!

Susanne schuftet

Achtsame Arbeitsmeditation mit emotionalen Hindernissen

Ende August mache ich mich mit meinem kleinen Auto auf den Weg, um die über eintausend Kilometer von München aus nach Südfrankreich zu einem Kloster zu düsen, das ich mir, auf Empfehlung von Freunden hin, für mein »Arbeitsprojekt« ausgesucht habe. Mit im Gepäck: mein Zelt samt dünner Isomatte und flauschigem Bettzeug, denn ich werde inmitten der Pflaumenbaumplantagen, die dem Kloster »Village des Pruniers« (engl. Plumvillage) ihren Namen gegeben haben, im wahrsten Sinne des Wortes meine Zelte aufschlagen.

Ganze drei Wochen möchte ich bleiben und ich habe mir fest vorgenommen, mein Verhältnis gerade zu den Tätigkeiten genau unter die Lupe zu nehmen, die ich in meinem alltäglichen Leben nicht so gerne mache. Darauf richte ich in dem nun Folgenden auch meinen Fokus.

In vielen buddhistischen Einrichtungen ist es üblich, dass Laiengäste für ein, zwei Stunden am Tag kleine einfache Arbeiten übernehmen, um vor allem die Mönche und Nonnen zu entlasten, die stets ihr Möglichstes tun, damit sich jeder zu Hause fühlen kann. Zudem kostet so ein zeitbegrenzter Aufenthalt im Kloster traditionell ziemlich wenig, damit Menschen aus allen sozialen Schichten an den angebotenen Meditationskursen teilnehmen können. Da kann man also gerne mal ohne Murren z. B. nach dem Frühstück (natürlich auch im Preis mit inbegriffen) neunzig Minuten lang die Klobürste schwingen.

Es ist keineswegs so, dass man in diesem Kloster nur arbeitet, es wird meditiert, Vorträge werden gehalten, es gibt viele Aktivitäten wie Tiefenentspannung und Gesprächsrunden – aber eben auch die sogenannte Arbeitsmeditation. Hier hoffe ich, eine Antwort zu finden auf die Frage, wo für mich der Unterschied liegt zwischen den beliebten und unbeliebten Dingen, die ich täglich zu tun habe. Weshalb ich manches als wertvoller einstufe, z. B. Bücher zu schreiben, als den Müll hinunterzutragen. Schon mancher Meister soll ja im Badezimmer Erleuchtung gefunden haben – also nichts wie ran an die unbeliebten Herausforderungen.

Das Kloster, das der berühmte vietnamesische und mittlerweile hochbetagte Zenmönch Thich Nhat Hanh einst gegründet hat, besteht eigentlich aus drei Klöstern, die innerhalb eines Radius von circa zwanzig Kilometern verteilt sind. Zwei Frauen- und ein Männerkloster, alle auf Arealen beherbergt, die eher an weitläufige französische Bauernhöfe oder Farmen erinnern als an gediegene Klosterbauten im reduzierten Zen-Stil. In einem davon, dem sogenannten »Lower Hamlet«, bin ich untergekommen und sichere mir gleich nach dem formellen Einchecken ein geeignetes schattiges Plätzchen unter einem der Pflaumenbäume. Ein bisschen Angst macht mir allerdings die heitere Warnung der Nonnen – wo nehmen die nur ihre Gelassenheit her? –, dass unter dem dürren Gras, das den Obstgarten bedeckt, giftige Schlangen lauern könnten, die nichts lieber tun, als arglose Zeltbewohnerinnen zu beißen, wenn diese morgens noch ganz vom Schlaf benebelt Richtung Waschhaus schlurfen, das ca. hundert Meter von meinem »Liegeplatz« entfernt ist.

Viele Menschen aus aller Herren Länder sind in den letzten Tagen von weither angereist, um im Rahmen eines mehrwöchigen Retreats (dt. Einkehrtage) den Vorträgen von Thich Nhat Hanh zu lauschen, aber auch, um sich auszutauschen, zu meditieren und um Abstand vom Alltag zu gewinnen.

Als erste Arbeitsmeditation bin ich in das Säubern der

Dusch- und Toilettenräume eingeteilt worden. Na prima, besser könnte es doch gar nicht laufen! Ein Zelt reiht sich bald ans nächste und hinsichtlich der wenigen zur Verfügung stehenden sanitären Anlagen wird mir angesichts meiner Putzaufgabe allmählich angst und bange. Doch Gott sei Dank muss ich mich nicht allein dieser Herausforderung stellen; meine mir zugeteilten Waschhäuser, schlichte, funktionale Betonwürfel im freien Gelände, teile ich rein putztechnisch mit einer älteren Dame aus Norddeutschland. Sie ist ausgebildete Clownin und wir werden deshalb in den kommenden Tagen herzerfrischend viel auf »unseren« Klos und in »unseren« Duschen zu lachen haben. Doch das weiß ich zunächst natürlich noch nicht.

Meine Mutter ist übrigens von meinen Putzkünsten im Allgemeinen nicht sehr überzeugt, was kein Wunder ist, denn ihr kann in Sachen Streifenfreiheit und erfolgreiche Wollmausbekämpfung so leicht keiner was vormachen. Demnach blitzt und blinkt es in meinem Elternhaus, dass es eine wahre Freude ist. Gerne hätte ich ihr skeptisches Gesicht gesehen, als ich mich am ersten Tag meines Putzeinsatzes über die erstbeste Kloschüssel beuge. Doch eigentlich kämpfe ich mich ganz wacker durch mein Pensum, auch wenn ich meiner Frau Mama natürlich niemals das Wasser reichen kann. Anne, meine Putzkumpanin, ist jedenfalls sehr zufrieden.

Da ein Großteil der Menschheit in den westlichen Ländern an sanitäre Anlagen angeschlossen ist – und auch sicher die meisten meiner Leserinnen und Leser –, muss ich in Sachen Toiletten- und Badreinigung hier nicht in die Tiefe gehen und das ganze Putz-Prozedere näher erläutern. Dennoch ist es ein großer Unterschied, ob man zu Hause die heimische Nasszelle schrubbt – sprich die glibbrigen Haarbüschel, die man im Ausguss findet, eindeutig den vertrauten Familienmitgliedern oder sich selbst zuordnen kann – oder ob man mehreren Hundert Menschen hinterherwischt, die einem vollkommen fremd sind und mit deren körperlichen Abfallprodukten man eigentlich auch überhaupt nichts zu tun haben will. Auf so einem großen Retreat können sich insgesamt bis zu neunhundert Menschen, verteilt auf die drei Klosteranlagen, einfinden. Da muss man schon richtig ranklotzen, will man als engagierte Toilettenfrau alles tipptopp haben.

Obwohl Anne und ich uns nach getaner Arbeit also von Herzen beglückwünschen können, schließlich werden unsere Toiletten zu Stoßzeiten – dann nämlich, wenn Thich Nhat Hanh jeden dritten Tag einen Vortrag im Lower Hamlet hält – von sehr vielen Menschen nacheinander besucht, bleibt in mir trotzdem ein fades Gefühl zurück. Diese Arbeit macht mir einfach keinen Spaß und das ändert sich auch nicht in den folgenden Tagen. Anne gibt sich zwar alle Mühe, mir das Wischen und Scheuern schmackhaft zu machen, aber ich bleibe irgendwie lustlos. Außerdem merke ich, wie Ärger in mir hochsteigt, wenn just in dem Moment jemand eine »meiner« Toiletten aufsucht und benutzt, nachdem ich sie gerade erst saubergemacht habe. Mir stinkt das gewaltig – nicht nur im übertragenen Sinne. Das geht mitunter sogar so weit, dass ich nach meinem eineinhalb stündigen Putzdienst diesen Ärger mit aufs »Kissen« nehme, sprich in der Meditationshalle den sanften Anleitungen einer hübschen französischen Nonne nicht folgen kann, weil ich innerlich immer noch vor mich hinwüte.

Vielleicht wird das ja in der zweiten Woche besser, da bin ich nämlich in der Küche zum Gemüseschnippeln eingeteilt. Ich hoffe also auf bessere Zeiten und wünsche mir, dass diese erste Woche recht schnell vorübergeht. Meinen lieben Clown Anne werde ich Gott sei Dank auch danach nicht aus den Augen verlieren; sie hat sich zwar nicht fürs Gemüseschneiden eingetragen, wird aber ebenfalls in der Küche zugegen sein.

Doch noch habe ich meine Rechnung ohne Thich Nhat Hanh gemacht, der eines Morgens einen Vortrag über das Verrichten jener simplen Arbeiten hält, die auf der ureigensten Beliebtheitsliste nicht wirklich im obersten Drittel stehen. Ich bin sofort wie elektrisiert, denn der bescheidene Mann in der schlichten braunen Kutte auf dem kleinen, hölzernen Podest dort vorn in der Halle rät nicht, wie ich es eigentlich erwartet habe, alles Ungeliebte so schnell wie möglich hinter sich zu bringen, sondern im Grunde genau das Gegenteil: permanent dranzubleiben, egal wie unangenehm die Dinge sind! Mit sanfter Stimme erklärt er anhand des Geschirrspülens – auch für mich eine eher lästige Tätigkeit –, wie man es schafft, selbst darin, im scheinbar Banalen, sein Glück und die Erfüllung zu finden.

Thich Nhat Hanh ist einer der bekanntesten buddhistischen Mönche weltweit. Der zarte Vietnamese mit den lustig abstehenden Ohren und den wachen braunen Augen ist bereits in seinen Achtzigern, aber immer noch mopsfidel und sehr engagiert in dem, was er als »sozial engagierten Buddhismus« bezeichnet. Thây (dt. Lehrer), wie er sich selbst gerne nennt und wie er auch respektvoll von seinen Anhängern genannt wird, entspringt quasi einer traditionell vietnamesischen Zen-Richtung. Allerdings bezieht der weise Mann westliche Vorstellungen und Werte in seine ursprüngliche Ausrichtung mit ein und berücksichtigt in seinen Lehren auch die Psyche seiner westlichen Schüler, die sich zuweilen prägnant von der asiatischer Menschen unterscheidet. So würde es einem Asiaten beispielsweise im Traum nicht einfallen, in irgendeiner Weise sein Gesicht verlieren zu wollen, was übersetzt ins Alltagsleben bedeutet, dass er in der Öffentlichkeit – und vermutlich auch zu Hause – z. B. nicht ausfallend oder wütend wird.

Da muss ich natürlich sofort an den einen oder anderen Wutaussetzer auf meinen Toiletten denken, wo ich z. B. einfach den klitschnassen Putzlappen in eine Ecke gepfeffert habe, weil mir das Wischen des Bodens, der durch die vielen Füße, die auf ihm ein- und ausgingen, ständig von Sand und Staub bedeckt war, wahnsinnig auf die Nerven ging. Thich Nhat Hanh ist in solch einem Fall natürlich nicht so brachial eingestellt, schließlich trägt er schon seit seinem sechzehnten Lebensjahr die dunkelbraune Robe, sprich, er übt sich von Berufs wegen seit vielen Jahrzehnten in buddhistischer Gelassenheit. Deshalb rät er lieber zum Innehalten, bevor man handelt, zum mehrmaligen tiefen Durchatmen. Dann kann man die Wut quasi wie eine liebende Mutter ihr Kind sanft in die Arme schließen, sie umarmen und muss sie nicht ausagieren, was wir Normalsterbliche in der Regel ansonsten tun – mit allen negativen Folgen.

Na, der hat gut reden, die Wut umarmen! Wie soll das denn gehen? Trotzdem bin ich heute Morgen ganz Ohr und gespannt wie ein Flitzebogen, was er noch so alles zu sagen hat. Schließlich will ich in Sachen Kloputzen noch nicht die Flinte ins Korn werfen. Hoffentlich muss ich nicht eine meiner Kloschüsseln in die Arme schließen!

Während seines Vortrags am frühen Morgen hier im Lower Hamlet geht langsam eine glutrote Sonne über den ausgetrockneten Feldern draußen auf, um bunte Lichtstreifen durch das farbige, runde Glasfenster hoch über dem Altar zu schicken. Einer der vorwitzigsten Strahlen lässt sich keck auf dem geschorenen Kopf von Thây nieder, doch das bringt den freundlichen Mönch natürlich nicht aus der Ruhe – und auch nicht den dicken Mann, der in der vordersten Reihe recht unschön im schrägen Winkel von seinem Mediationskissen runterhängt und hingebungsvoll schnarcht. Erst als er sich ein paar Minuten später im Halbschlaf anschickt, sich der Länge nach auf den Boden zu legen, um dort selig weiterzusägen, schlägt unser Meister amüsiert einmal kräftig mit dem Klöppel auf die große Mediationsglocke, sodass es den Schnarcher binnen Bruchteilen von Sekunden wieder in die aufrechte Position reißt. Jede Wette, der ist jetzt hellwach! Zu seiner Ehrenrettung soll erwähnt werden, dass es gerade mal kurz nach sieben Uhr ist und die wenigsten von uns es gewohnt sind, zu dieser Uhrzeit einem fast zweistündigen Vortrag zuzuhören.

Die leise Stimme Thich Nhat Hanhs dringt via Mikrofon bis in den letzten Winkel der großen Halle; er spricht einfaches, asiatisch eingefärbtes Englisch, das leicht zu verstehen ist, und erzählt uns aus seiner Zeit als sehr junger Mönch. Damals, gerade ins Kloster eingetreten, wurde er über Wochen und Monate hinweg tagein und tagaus zum Geschirrspülen verdonnert, was dem pubertierenden Jungen anfangs gar nicht gut gefiel. Oft rebellierte er innerlich gegen diese Arbeit, aber es half nichts, sein Lehrer gab ihm unmissverständlich zu verstehen, dass ihm nichts anderes übrigblieb, als täglich die Essensschalen seiner

Mitbrüder und die großen Töpfe und Pfannen aus der Küche zu säubern und zu schrubben. Im Laufe der Zeit fand der junge Novize dann Gott sei Dank – oder besser, dem Buddha sei Dank! – Gefallen an seiner schaumigen Aufgabe, allerdings mithilfe des folgenden kleinen mentalen Tricks, den ihm einer seiner Mitbrüder mitfühlend verraten hatte: Vielen Dingen, die uns umgeben und die wir zum täglichen Leben benötigen, schenken wir kaum Beachtung. Wir benutzen sie einfach über einen bestimmten Zeitraum hinweg, um sie dann wieder wegzulegen und zu vergessen. Und gerade die einfachsten Alltagsgegenstände fallen am häufigsten durch dieses Raster der Nichtbeachtung. Verschärft wird die ganze Sache dann zusätzlich, wenn es sich um Dinge handelt, die wir zwar dringend benötigen, weil sie uns eindeutig das Leben erleichtern, mit denen wir aber im Allgemeinen nicht allzu viel zu tun haben wollen. (In diese Kategorie fallen in der Regel auch Toiletten; Anm. der Autorin).

Alltagsgegenstände betrachten wir üblicherweise – und rein oberflächlich gesehen ist das vielleicht sogar naheliegend – als leblos und unbeseelt; sie sind lediglich da, um uns zu nützen und uns zu dienen, mehr nicht. Doch was wäre, wenn diese Dinge lebendig wären? Wie würden wir mit ihnen umgehen, wenn Herzen in ihnen schlagen würden?

Thich Nhat Hanhs Mönchsfreund aus Jugendtagen riet ihm damals, sich angesichts der immensen Geschirrberge vorzustellen, dass er anstatt der Essensschalen seiner Mitbrüder lauter süße Babys waschen und baden würde. Und noch heute, nach so langer Zeit, huscht ein glückliches Lächeln über das nahezu faltenfreie Gesicht des alten Mannes da vorn, als er beginnt zu erzählen, wie es sich anfühlte, als er behutsam sein erstes »Baby« ins lau-warme Spülwasser tauchte.

Die Vorstellung, einen Teller oder ein Glas ganz sanft ins Wasser zu tauchen und behutsam zu drehen und zu wen-den und mit einem Schwamm sachte abzuwaschen, als hielte ich ein Neugeborenes in Händen, das berührt mich tief. Doch eine Kloschüssel als mein Baby zu betrachten … nun, dieser Gedanke ist doch recht gewöhnungsbedürftig!

Laut Thây finden wir auf diesem Weg auf eine sehr an-genehme Weise zurück zu unserer natürlichen Zärtlich-keit, die uns allen innewohnt und die nur darauf wartet, endlich wieder freigesetzt zu werden. Diese sachte und stete Aufmerksamkeit beispielsweise beim Spülen akti-viert in unserem Gehirn und in unserem Herzen zudem so schöne und oftmals längst verschüttete Eigenschaften wie Offenheit und freundliche Zugewandtheit.

Irgendwie brenne ich jetzt darauf, das Ganze gleich in die Tat umzusetzen, doch der Vortrag ist noch nicht ganz zu Ende. Unser Schnarcher in der vordersten Reihe ist nun auch ganz Ohr und anscheinend überhaupt nicht mehr müde; aufrecht wie ein Stock sitzt er da und lauscht den Worten des Meisters. Etwas versetzt hinter mir sehe ich Anne auf einem Stuhl sitzen und als ich mich leicht zu ihr umdrehe, zwinkert sie mir fröhlich zu. Meine Clownin ist wohl auch schon ganz scharf darauf, unser Toilettenhäus-chen in eine Kinderkrippe für Keramikschüsseln umzu-wandeln.

Zum Schluss bittet uns Thich Nhat Hanh, einmal darü-ber nachzudenken, was wir ohne Schüsseln und Esswerk-zeuge tun würden und wie mühsam das Leben doch ohne all diese wunderbaren Erfindungen, die uns den Alltag erleichtern, wäre. Er legt uns noch einmal sehr einprägsam das Wertschätzen der eher unscheinbaren Dinge ans Herz und macht sich dann auf den Weg zurück zu seiner kleinen Hütte am Feldrand, wo er sehr einfach und bescheiden lebt. Doch die meiste Zeit im Jahr ist er eh nicht zu Hause, sondern reist durch die Welt, um so viele Menschen wie möglich zu treffen, um mit ihnen zu meditieren und um Vorträge wie diesen eben vor Hunderten von Menschen zu halten.

Heute wird es blöderweise nichts mehr mit dem Umsetzen in die Praxis, denn Anne und ich haben uns nach dem Vortrag irgendwie festgequatscht, so inspiriert sind wir von seinen Worten. Und deshalb hapert es an der direkten Umsetzung mangels Zeit, ganz toll! Also wischen wir nur mehr hurtig und oberflächlich über unsere »Babys«, die ja noch gar nicht wissen, was morgen auf sie zukommen wird – übrigens, wir auch nicht!

In der darauffolgenden Nacht entlädt sich ein mächtiges Gewitter über Plumvillage, dass mir im Zelt Hören und Sehen vergeht. Nach all den heißen Tagen war uns allen schon länger klar, dass sich da am Himmel was zusammenbrauen würde, und so wanderten immer wieder prüfende Blicke hinauf zum weiß gleißenden Firmament. Die Wucht des Unwetters überrascht mich dann doch. Zusammengekauert in meinem Federbett lausche ich auf das unheimliche Geräusch der Zeltplanen, die gegen das leichte Fiberglas-Gestänge klatschen wie knatternde Fahnen im Wind. Immer wieder erhellen bläuliche Blitze den Raum und die darauffolgenden Donnerschläge erschüttern die Erde unter mir bis ins Mark. Ich bete, dass mein Pflaumenbäumchen, unter dem ich zelte, standhalten wird; auf die Idee, Schutz in einem der Klostergebäude oder in der großen Meditationshalle zu suchen, komme ich vor lauter Angst nicht. Ich harre also leichtsinnigerweise aus und erfahre erst am nächsten Tag, wie knapp ich einem Blitzeinschlag in unmittelbarer Nähe entkommen bin.

Am nächsten Morgen erklingt wie immer in aller Herrgottsfrühe das leise Lied einer Nonne, unterbrochen von tiefen Gongschlägen, deren Klang sich nun durch eine glasklare Luft ungehindert ihren Weg sucht; aller Staub ist im wahrsten Sinne des Wortes wie weggeblasen. Ich stecke den Kopf durch den Zelteingang und atme tief ein. Die Welt dort draußen ist kühl und feucht nach dem Gewitter und das braune, von der Sonne ausgetrocknete Gras liegt nun niedergedrückt und seltsam flachgepresst auf dem nassen Boden. Als ich mich langsam aus meinem Zelt schäle und in meine überfluteten Sandalen schlüpfe, erkenne ich erst das gesamte Ausmaß des Unwetters: überall zusammengebrochene Zelte, abgebrochene Äste und aufgewühlter Schlamm – und weit und breit keine Menschenseele zu sehen. Wo sind die nur alle? Verschlafen habe ich mit Sicherheit nicht, denn die Melodie der Schwester ist eben erst in den Weiten des derangierten Pflaumengartens verklungen.

Erst als ich, wie immer bewaffnet mit Eimer und Putzlappen, bei meiner aufgeregten Anne, die sich schon die schlimmsten Horrorszenarien ausgedacht hat, eintrudle, erfahre ich, was sich in der letzten Nacht abgespielt hat: Die Äbtissin schickte gegen Mitternacht in höchster Sorge eine Handvoll Mitschwestern ins nächtliche Unwetterszenario hinaus, mit dem Auftrag, alle Zeltbewohner einzusammeln, um sie in der großen Meditationshalle und im

Speisesaal auf Matten unterzubringen. Da mein Zelt ganz zuletzt, direkt am Rand der Obstwiese steht, wurde ich in der Aufregung glatt vergessen. Jetzt fällt mir eine überglückliche Anne um den Hals, ich bin also nochmal davongekommen, wobei es vielleicht, rein karmatechnisch gesehen, einem Sechser im Lotto gleichkäme, wenn man sein irdisches Dasein auf dem Gelände eines buddhistischen Klosters beenden würde. Doch das Nirwana kann auch noch ein bisschen ohne meine Anwesenheit auskommen, es gibt schließlich noch einiges hier unten auf der Erde für mich zu erledigen.

Heute ist nämlich der große Tag unserer Baby-Toiletten-Aktion gekommen und so verschwenden wir keinen weiteren Gedanken mehr an die überstandene Gefahr oder an verpasste Gelegenheiten in höhere Sphären aufzusteigen, sondern gehen frisch und fröhlich an unser Tagwerk – schließlich bietet sich uns dazu nicht mehr allzu lange die Gelegenheit, denn die erste Woche ist bald um und damit naht auch der Abschied von unserem Dasein als buddhistische Klofrauen, da jede Woche eine andere Arbeit übernommen wird. Wir wollen die Zeit also noch sinnvoll nutzen und nach Thâys Anleitung von gestern das Bäderputzen revolutionieren.

Ich höre Anne über die leichte Wand hinweg, die mein Klo von dem ihrem trennt, leise vor sich hin summen, als ich mich auf den kalten Fließen niederknie, um mit meinem Lappen auch schön gründlich an den Toilettensockel ranzukommen.

Jetzt oder nie, Susanne, denke ich mir und hebe meinen Blick. Nun bin ich auf Augenhöhe mit meinem »Baby« und versuche mir vorzustellen, wie mein Leben ohne es wäre. Puh, richtig schrecklich, so viel ist schon mal klar.

So eine Toilette mit Wasserspülung ist schon eine super Erfindung, keine Frage!

Ich fische in meinem Eimer nach einem extra weichen Tuch, wringe es sorgfältig aus und beginne, sachte über das glatte Porzellan zu wischen. Mein Gesicht spiegelt sich in der cremeweißen Oberfläche und die sanfte Bewegung meiner Hand hat irgendwie was Zärtliches. Ich achte bewusst darauf, dass ich nicht in hektisches Wischen verfalle, um den Zauber nicht zu zerstören, und fahre langsam mit meiner Arbeit fort. Über die Trennwand hinweg ist plötzlich nichts mehr zu hören. »Anne?«, rufe ich leise. »Ja, ich bin noch da!«, dringt es seltsam zittrig zu mir herüber. Als ich aufstehe, um nachzusehen, ob mit meiner Freundin alles in Ordnung ist, finde ich sie mit einem verräterischen Glitzern in den Augen auf dem Boden ihrer Klokabine sitzend. »Ach, Susanne, ich bin so berührt von diesem Klo!«, stammelt mein lieber Clown leise und versucht ungelenk, die Tränen mit ihrem überdimensionalen, quietschgelben Gummihandschuh von den Wangen zu wischen. Also das finde ich dann doch etwas übertrieben, gleich in Tränen auszubrechen, aber ich gebe Anne trotzdem einen kleinen Kuss auf die Stirn – sie kauert immer noch vor der Kloschüssel – und gehe wieder hinüber zu meinem kleinen Schreihals, pardon, zu meiner Toilette.

Am Ende dieser heutigen Putzmeditation kann ich dann schließlich stolz von mir behauten, dass ich etwas mehr Zugang zur Materie gefunden habe. Und das ist doch schon mal was, oder? Ich lege nach getaner Arbeit meinen Arm um Anne, die sich immer noch nicht so richtig eingekriegt hat, und langsam schlendern wir über das Klostergelände hinüber zu unserem Lieblingsplatz unter großen, schattigen Pappeln, um uns dort ein kleines Nickerchen zu gönnen.

Meine Art, Klos zu putzen, hat sich sehr verwandelt. Ich habe begonnen, selbst gepflückte Blümchen in kleinen ausrangierten Marmeladengläsern auf den Waschbeckenablagen zu verteilen, habe nicht mehr kraftvoll gewienert, sondern sanft gewischt und habe mein Mantra-Repertoire an guten Wünschen, das ich gern laut schmetternd zum Besten gebe, weil die gekachelten Wände so schön widerhallen, für alle Klogänger vertieft und verfeinert! Den Fußboden betrachte ich als etwas, was mich tagein, tagaus trägt, und nicht mehr als lästiges, zusätzliches »Ding«, das auch noch geputzt werden muss.

Alles in allem habe ich mir sehr viel Mühe gegeben und kann auch bereits die eine oder andere Veränderung in mir feststellen: Mein Körper ist nicht mehr so verspannt, ich nehme an, weil er aufgehört hat, sich gegen die lästige Pflicht zu wehren. Und ich erahne, dass auch dieses Kloputzen nicht minder wichtig ist als andere Tätigkeiten. Nicht auszudenken, wenn alle Klofrauen und -männer dieser Welt in Putzstreik gehen würden! Wie sähen dann binnen kürzester Zeit unsere Flughäfen, Kaufhäuser oder Restaurants aus – und meine und Annes Kloanlage?

Ja, und jetzt knie ich wieder vor einer meiner Schüsseln, hebe die Hand mit dem Schwamm und plötzlich … überflutet mich ein tiefes Gefühl der Zuneigung für dieses stille und täglich ausharrende Ding da vor mir, das alle unangenehmen menschlichen Ausscheidungen ohne zu murren schluckt und in die Tiefen der Kanalisation befördert. Ich fühle Dankbarkeit und Wertschätzung für einen Gegenstand, den ich in meinem normalen Alltagsleben mit Sicherheit als leblos einstufen würde.

Leicht peinlich berührt schaue ich schnell nach links und rechts – Anne ist gerade draußen, um die Toiletteneimer auszuleeren – und dann beuge ich mich nach vorn, um linkisch und blitzschnell die Kloschüssel zu umarmen, bevor noch jemand unverhofft hereinkommt und mich so, kniend und in inniger Umarmung, ertappt. Die arme Schüssel weiß sicher gar nicht, wie ihr geschieht, aber vielleicht kennt sie das ja auch schon, schließlich haben hier schon viele Menschen geputzt und zuvor Thich Nhat Hanhs Vortrag gehört, der bestimmt zu seinem Standardrepertoire gehört. Insofern kann sich dieses Klo wirklich glücklich schätzen, in solch liebevollem Umfeld Toilette sein zu dürfen! Nach einer Weile gebe ich die Kloschüssel wieder frei und stemme mich ächzend in die Höhe, gerade als Anne mit den leeren Eimern um die Ecke biegt. Glückselig lachen wir beide, bis uns unsere Bäuche wehtun. O Mann, wenn mich jetzt einer meiner Freunde zu Hause sehen könnte, ich glaube die würden denken, dass ich nicht ganz bei Trost bin.

Diese erste Woche ist für mich also nun doch noch recht erfolgreich vorübergegangen, und ich bin sehr gespannt darauf, was mich nun erwarten wird. Anne und ich treffen uns zu guter Letzt noch einmal abends, nach unserem letzten gemeinsamen Arbeitstag, vor unserem Klohäuschen, um uns herzlich zu umarmen. Neben den tollen gemeinsamen Erfahrungen ist hier in ungewöhnlicher Umgebung auch eine ebenso ungewöhnliche Freundschaft entstanden, die uns noch viele Jahre danach begleiten, inspirieren und erfreuen wird.

Die große Wanduhr über der langen Anrichte im Speisesaal schlägt sechzehn Uhr. Sofort legen wir alle unsere

Messer und Gemüseschäler beiseite und verharren still; ich zähle unbemerkt und leise die hellen Schläge mit. In der kurzen Zeit, die ich hier in Plumvillage verbracht habe, habe ich neben dem einfachen Leben und Arbeiten im Kloster noch eine ganz andere, unverhoffte Form der Einfachheit kennen und recht schnell auch schätzen gelernt, und das ist das »schlichte Verweilen« im Augenblick.

Als ich am allerersten Tag müde und erschöpft von der langen Reise meinen Koffer über den staubigen Parkplatz zur Anmelderezeption zerrte, ertönte erstmals der große Gong, der mich später dann jeden Morgen daran erinnern sollte, dass es nun an der Zeit ist, meine gemütliche Isomatte zu verlassen. Inmitten all der Gäste, die zur gleichen Zeit wie ich in Plumvillage ankamen und gerade ihre Autos entluden oder sich mit mir bereits auf den Weg zum Büro machten, scherte ich mich recht wenig um den tiefen Klang, sondern latschte emsig weiter. Doch da sollte ich plötzlich die Einzige auf weiter Flur sein, die sich bewegte, denn alle anderen blieben, just da, wo sie sich gerade befanden, wie zur Salzsäule erstarrt stehen und schlossen ihre Augen.

Hä, was war denn nun kaputt? Ich war vollkommen ratlos – so etwas hatte ich ja noch nie gesehen. Hatten die denn alle einen an der Klatsche oder stimmte bei mir etwas ganz Wesentliches plötzlich im Oberstübchen nicht mehr? Die Situation befremdete und verängstigte mich sogar zutiefst, und als sich plötzlich wieder alle in Bewegung setzten, nachdem der letzte Ton verklungen war, überlegte ich mir ernsthaft, ob ich nicht schnurstracks kehrtmachen sollte, um mich noch rechtzeitig vom Acker machen zu können, bevor ich da drinnen vielleicht irgendetwas unterschrieb, was ich später bereuen würde. Doch ein kleines, im Grunde kaum wahrnehmbares inneres Stimmchen riet mir flüsternd zu bleiben und so schritt ich wacker, aber doch etwas mulmig ums Herz, Richtung Eingang, über dem in schnörkeligen Lettern steht »You have arrived«.

Jetzt, nachdem ich hier tatsächlich, rein innerlich betrachtet, etwas angekommen und sogar im Außen, sprich in meinem Zelt und im Klosteralltag, ein klein bisschen heimisch geworden bin, weiß ich natürlich, was es mit dem Gegonge und all den anderen Tönen und Klängen auf sich hat: Sie fordern uns auf zum Innehalten – und zwar mitten im täglichen Alltagsgeschehen.

In der Regel hetzen wir Menschen – jedenfalls ich und die meisten von uns bestimmt auch – durch unseren Alltag, wie von der Tarantel gestochen. Eher selten gönnen wir uns eine Auszeit, meist beschränkt auf den Feierabend, das Wochenende oder auf die Ferien. Und dann sind viele von uns so erschöpft, dass wir nur noch alle Viere vor dem Fernseher von uns strecken können; oder wir stürzen uns mit Elan in sogenannte Freizeitaktivitäten, die uns manchmal, im wahrsten Sinne des Wortes, auch ganz schön aus der Puste bringen können.

Im Kloster hält man jedes Mal, wenn irgendwo etwas klingelt, scheppert oder tönt, kurz inne, bleibt stehen oder sitzen – je nachdem, wo man sich gerade befindet – und beobachtet für die Dauer des Geräuschs bewusst seinen Atem oder lenkt die Konzentration auf das Fühlen der Fußsohlen auf der Erde, je nachdem was einem leichter fällt. Ein kleiner Trick mit großer Wirkung, den man auch gut im Alltag zu Hause umsetzen kann, denn durch dieses bewusste Innehalten kommt, und sei es nur für wenige Sekunden, die hektische Welt zum Stillstand und eine geplagte Seele, wie die unsere, wieder zu neuen Kräften.

Fünfzehn ... Sechzehn ... Der letzte Ton verhallt in der Stille des Speisesaals; wir blicken auf und lächeln einander zu, dann greift jeder wieder zu seinem Küchenmesser und konzentriert sich erneut auf den Berg Gemüse vor sich. Ich bin heute fürs Kartoffelschälen eingeteilt und vor mir türmt sich ein wahrer Mount Everest an Erdäpfeln; schließlich warten viele hungrige Mäuler auf eine sättigende Mahlzeit und so heißt es für mich jetzt schälen, dass die Schalen nur so fliegen.

In Anbetracht der Unmengen von Kartoffeln gerate ich übrigens gerade dermaßen innerlich unter Druck, dass ich mir erstens überhaupt nicht mehr vorstellen kann, ein kleines Baby, sprich eine Kartoffel, ruhig in Händen zu halten, und zweitens ritze ich mir schon bei der dritten Knolle mit meinem Gemüseschäler den Handballen dermaßen auf, dass ich medizinisch mit einem Pflaster notversorgt werden muss. Wo ist nur meine zärtliche Gelassenheit, die ich mir in der letzten Woche angeeignet habe, geblieben – auf dem Klohäuschen vielleicht? Und auch das »stille Verweilen« scheint bereits wieder Lichtjahre entfernt. Ich bin ratlos und schau mich verunsichert in der Runde der emsigen Küchenhilfen um. Neben mir steht ein junges Mädchen am langen Holztisch, an dem zu den Essenszeiten die Menschen dicht an dicht sitzen, um schweigend ihre Mahlzeiten zu sich zu nehmen. Vor ihr türmen sich Karotten im munteren Durcheinander.

Der Saal mit den unverputzten Steinwänden fasst sicher über hundert Leute. Lange Tische, mit den dazugehörigen, einfachen Holzbänken, stehen parallel zueinander in dem niedrigen Raum. Das »Lower Hamlet« war ursprünglich mal ein alter Bauernhof, mit vielen Nebengebäuden, und die groben Steinquader in den Wänden, samt der niedrigen Decke, zeugen noch davon. Die erstaunlich kleine Küche grenzt direkt an den Speisesaal und wird hauptsächlich von zwei Nonnen bewirtschaftet, deren immense Aufgabe es ist, all diese vielen Besucher periodisch mit schlichten, aber sehr nahrhaften veganen Gerichten zu verköstigen.

Von einer »Insiderin« habe ich erst vor ein paar Tagen erfahren, dass die zwei bei so großen Veranstaltungen wie dieser angeblich schon um vier Uhr jeden Morgen aufstehen, um unter anderem enorme Mengen an Frühstücksbrei in überdimensionalen Töpfen für alle zuzubereiten. Wie gerne würde ich, als passionierte Köchin, den beiden mal über die Schulter schauen, doch für mich sind leider nur die »niederen Arbeiten« vorgesehen – und genau deswegen bin ich ja auch hier.

Das Mädchen, das sicher kaum älter als achtzehn Jahre ist, greift konzentriert zur nächsten Möhre, während sich bei mir und meinen Kartoffeln noch immer nicht viel getan hat. Außer, dass mein Handballen pocht wie Bolle. Mit einer Hingabe, auf die ich fast schon neidisch werden könnte, schält sie erst ihre Rübe, um sie dann, wie von der Chefköchin vorgegeben, in mundgerechte Stücke zu schneiden, die zu guter Letzt in eine extra dafür vorgesehene Emailschüssel wandern. Und obwohl ich ja in Sachen Zen und Kochen schon etwas bewandert bin, schließlich habe ich schon mit dem berühmten Edward Espe Brown zusammengearbeitet, komme ich hier irgendwie nicht zu Potte. Meine Nachbarin scheinbar schon. Mit einer stoischen Ruhe, die mich ein bisschen an die Sanftheit der Kühe auf der Alm meiner Schwester erinnert, arbeitet sie sich durch ihren Karottenberg wie ein emsiger Maulwurf durch die Erde.

Bis zum Ende der Schnippelschicht kämpfe ich mit meiner Ungeduld und hadere mal wieder mit meinem Schicksal: Ich will in den Töpfen und Pfannen rühren, denn Gemüse schneiden kann ich auch daheim, schließlich bin ich Profi! Da hilft es meiner Ungeduld leider auch recht wenig, dass sich immer wieder die Wanduhr quasi »zu Wort meldet«, um an innere Achtsamkeit und Gelassenheit zu gemahnen. Und als dann irgendwann auch noch das Telefon auf der Anrichte scheppernd zu schellen beginnt und erst mal alle konzentriert atmen, bevor sich eine der Nonnen anschickt abzuheben, da bin ich eher genervt als innerlich gesammelt. Im Moment finde ich ganz entschieden, dass mich das ständige Gebimmel hier und da mehr von der Arbeit abhält, als dass es mir hilft, konzentrierter im gegenwärtigen Augenblick zu sein.

Nun ist es freilich nicht so, dass ich in der letzten Woche, als ich mich gemeinsam mit Anne um die Sauberkeit in den Waschhäusern gekümmert habe, nichts gelernt hätte. Mir ist hier bereits viel klarer, was ich da in Händen halte, als zu Hause, wo ich oft gedankenlos Dinge erledige, berühre und wieder weglege – ohne sie wirklich »berührt« und »gesehen« zu haben. Was mir jetzt hier zu schaffen macht ist das enorme Pensum, das zu erledigen ist. Ich habe einfach das Gefühl, nicht fertig zu werden. Das katapultiert mich in einen unglaublichen inneren Stress, der den äußeren Gegebenheiten, nämlich einem beschaulichen und trotz der vielen Menschen recht ruhigen Zenkloster, vollkommen entgegensteht.

Ich behandle zwar meine Kartoffeln, Zwiebeln oder Rüben, je nachdem was halt gerade anfällt, wie kleine Babys, die mir am Herzen liegen – beziehungsweise ich versuche es immer wieder aufs Neue –, aber ich fühle nicht wirklich etwas dabei. Ich versuche auch, einen tieferen Bezug zu dem Gemüse da vor mir herzustellen, und verfolge in meinen Gedanken seinen langen Weg vom Samen in der Erde bis zur stattlichen Pflanze zurück, bis es als Frucht, Knolle oder Rübe endlich hier auf den langen Tischen des Speisesaals gelandet ist. Aber ich muss zugeben, dass mich das eher anstrengt, als dass es mich glücklich und ausgeglichen macht.

Thây betont immer wieder, wie wichtig es ist, sich zu vergegenwärtigen, was es alles braucht, damit Dinge entstehen und auch wieder vergehen können. Nichts entsteht aus sich selbst heraus, alles ist voneinander abhängig. Die grüne Bohne, die ich da gerade schnipple und von ihrem langen, spröden Faden in der Mitte befreie, hat einiges an Aufwand und Bedingungen benötigt, um so, wie sie ist, zwischen meinen ungeduldigen Fingern zu landen: Sonne und Regen, nahrhafte Erde, Holzstangen zum Ranken, einen Bauern, der sich um sie kümmert und sie erntet, wenn sie reif geworden ist.

Es gibt viele Menschen, die der Bohne geholfen haben, an ihren Bestimmungsort zu gelangen – der Bauer, die Erntehelfer vielleicht, der LKW-Fahrer –, um danach von einem Händler oder einer Marktfrau weiterverkauft werden zu können. Tausende von Handgriffen und viele günstige Augenblicke, schon allein rein wettertechnisch gesehen, waren also vonnöten, damit ich später zum Mittagessen genau diese Bohne genießen kann. Und trotz dieses Wissens und der Vergegenwärtigung eines solchen Prozesses des Wachsens und Gedeihens, an dem viele Menschen und noch mehr günstige Bedingungen beteiligt sind, regt sie mich gerade tierisch auf, diese kleine Bohne. Bohnen putzen für eine ganze Horde von Leuten macht mir gerade hier, im vielbeschworenen Hier-und-Jetzt, echt gar keinen Spaß und ist zudem sehr, sehr zeitaufwändig. Wieso machen die hier eigentlich nicht einfach ein paar Dosen auf?

Dieses Unter-Druck-Stehen, sei es wegen Zeitmangels oder wegen irgendeiner anderen inneren Not, kenne ich übrigens nur zu gut von daheim – vom Arbeiten in der Küche, vom Schreiben oder auch in der Freizeit, wenn ich mich zum Beispiel in einem Affenzahn durch mein Yoga-Programm quäle, weil ich danach noch was vermeintlich Dringendes zu erledigen habe. Ich wüsste nur zu gerne, wie ich in dieses Thema »Eile und Stress« mehr Einfachheit, sprich Entschleunigung bringen könnte!

Ich linse wieder zu meiner Nachbarin hinüber, die in all den Tagen nun schon still und hingebungsvoll neben mir ihr Gemüse schält, schneidet oder hackt. Was auch immer von ihr lächelnd verlangt wird, stets ist sie zum richtigen Zeitpunkt mit ihrer Arbeit fertig. Ich beschließe, ihr eine Weile zuzusehen, obwohl ich dann sicher mit meiner eigenen Aufgabe für heute, dem Bohnenschnippeln, ins Hintertreffen geraten werde. Sei's drum, ich bin schließlich hier auf Recherche, um herauszufinden, wie man einfacher, bewusster und glücklicher leben kann. Die Bohnen können also warten!

Die junge Frau ist ziemlich hübsch, stelle ich ein bisschen neidisch fest – auch das noch –, wo ich mich selbst durch meinen langen Zeltaufenthalt mittlerweile etwas derangiert und nicht gerade auf der Höhe meiner Attraktivität fühle! Ihr langes, blondes Haar hat sie zu einem dicken Zopf geflochten, der akkurat in der Mitte ihres Rückens hängt. Ihre Finger sind lang und schlank und sie ist leger in Joggingklamotten gekleidet.

Zum Meditieren braucht man bequeme Kleidung und für das Alltagsleben in einem Kloster muss man sich nun wahrlich nicht in Schale schmeißen. Außerdem ist eh weit und breit kein Mann in Sicht, für den man sich aufbrezeln müsste; die wohnen alle schön auf Sicherheitsabstand von uns Frauen im »Upper Hamlet«, das zwei Kilometer weiter nördlich liegt. Ich selbst bin auch nicht gerade fürs Schaulaufen auf der New Yorker Fashion-Week gekleidet, sondern sitze in Jeans und Pulli vor meinem Bohnenhaufen.

Das blonde Mädchen hat heute Unmengen von Zwiebeln vor sich; erschwerte Bedingungen, denn die scharfen Dämpfe beim Schneiden lassen uns allesamt in einem Umkreis von ein paar Metern unkontrolliert losheulen. Doch sie bleibt gelassen und nahezu tränenfrei und arbeitet sich langsam, aber stetig vorwärts. Ja, genau, jetzt kann ich es erst erkennen: Sie arbeitet extrem langsam! Nur warum ist sie dann immer vor mir fertig? Ich bin fassungslos.

Da jegliches Arbeiten im Schweigen stattfinden soll, schließlich handelt es sich hierbei um Arbeitsmeditation, muss ich mich noch ein bisschen gedulden, bevor ich meine Nachbarin auf ihre ungewöhnliche Arbeitsweise ansprechen kann. Doch dann, nachdem die Küchennonne mit all dem geschälten und geschnittenen Gemüse in ihren heiligen Katakomben verschwunden ist und wir anderen den Speisesaal wieder auf Hochglanz gebracht haben, bietet sich dann doch für mich die Gelegenheit, ein bisschen zu quatschen.

Mette ist neunzehn Jahre alt und kommt aus Dänemark; sie ist extra zu diesem Retreat angereist und ist schon von Kindesbeinen an in dem Metier bewandert: Sprich, sie ist von ihren Eltern »buddhistisch« erzogen worden. So hat sie quasi die Philosophie des Ganzen bereits mit der Muttermilch eingesogen und deswegen ist es auch kein Wunder, dass ihr das »achtsame Arbeiten« schlichtweg in die Wiege gelegt wurde und deswegen viel leichter fällt als mir.

Sie hat gelernt, dass langsamer sein nicht zwangsläufig bedeuten muss, als Letzte ans Ziel zu gelangen. Je konzentrierter sie bei der Sache ist, ohne sich vom Außen ablenken zu lassen, desto schneller kommt sie voran. Auch durch ihre Gedanken oder Empfindungen lässt sie sich nicht aus der Ruhe bringen; sie versucht einfach, ihren Fokus immer auf das zu richten, was sie gerade macht. Das lässt sie für Außenstehende oft langsamer oder sogar irgendwie geistig abwesend erscheinen, doch im Grunde ist genau das Gegenteil der Fall: Sie ist sorgfältiger und effizienter in ihrem Tun, verzettelt sich nicht so leicht, gerät weniger unter Druck und es macht ihr sogar obendrein auch noch Spaß. Nach getaner Arbeit, die nie länger als eineinhalb Stunden dauert, ist sie längst nicht so erschöpft, wie ich es regelmäßig bin, sodass ich mich immer wieder mal in mein Zelt verkriechen muss, um ein kurzes Nickerchen zu halten.

In Plumvillage und in vielen anderen, unterschiedlichsten religiösen Einrichtungen und Traditionen rund um den Erdball wird Achtsamkeit beim Essen ganz groß geschrieben. Sowohl christliche Benediktiner, die sich zum Essen still und gesammelt in ihren imposanten Speisesälen treffen, als auch buddhistische Zenmönche, die all ihre Mahlzeiten in der Regel direkt in der Meditationshalle vor ihren Sitzkissen einnehmen, um nur zwei große Traditionen zu nennen, haben zumindest Phasen des Schweigens während der Nahrungsaufnahme, um sich voll und ganz auf die jeweilige Mahlzeit zu konzentrieren und diese dadurch auch gebührend zu würdigen.

In Zeiten von Fastfood und dem »Schnell-was-zwischendurch-Gemampfe« bildet das langsame und bewusste Essen im Schweigen eine Möglichkeit des wieder »Zu-sich-Kommens« und eines gesunden »Genährt-Werdens« und schafft so die Grundlage, um sich z. B. eingehend mit den eigenen Ernährungsgewohnheiten auseinanderzusetzen. Doch damit die vielen Menschen hier in Plumvillage überhaupt etwas zur rechten Zeit zwischen die Kiemen bekommen und sich dem achtsamen Essen hingeben können, sollte ich vielleicht doch mal Mettes Rat in die Tat umsetzen und beginnen, konzentrierter zu arbeiten – und das am besten gleich morgen!

Am nächsten Tage sitze ich schon vor dem offiziellen Beginn der Arbeitsmeditation aufgeregt auf meinem Platz, Gemüseschäler und ein scharfes Messer griffbereit vor mir auf dem Tisch liegend. Doch die beiden werden leider unbenutzt bleiben, denn nach den gestrigen Bohnen bin ich heute mit Kohlzupfen dran. Auch das noch, darauf habe ich nun wirklich gar keine Lust! Ich will doch heute langsam und fokussiert schälen und schnippeln und dabei den Duft des Gemüses wahrnehmen; ich möchte achtsam und konzentriert arbeiten, und zwar mit einer Gemüsesorte, die mir Spaß macht, und nicht mit ollem Kohl.

Ich weiß übrigens gar nicht, welche Sorte davon da zuhauf vor mir drapiert wird, es sind jedenfalls keine Kohlköpfe, sondern eher kleine »Bäume«; mir sind diese Gewächse jedenfalls vollkommen unbekannt. Die Dinger wachsen an violett-grünen Stängeln und haben viele gezackte Blätter, die hart und ledrig links und rechts aus besagten Stielen herauswachsen. Meine Aufgabe ist es, die Blätter mit einem Ruck entlang der Stängel abzustreifen. Dazu bekomme ich von der heutigen »Oberschwester« solide Gummihandschuhe, denn das harte Zeugs kann ganz schön in die Hände schneiden.

Mette neben mir hat natürlich den Joker gezogen. Ich bin total neidisch, denn sie darf Äpfel für den Nachtisch verarbeiten. Es wird französische Mürbeteig-Tarte und Obst geben, wie lecker!

Doch alles innerliche Gemurre hilft nichts, ich bin hier, um eine Mission zu erfüllen, Kohl hin oder her. Und im Grunde ist dieses spröde Gewächs, wenn man es genauer betrachtet, fast schon ein Geschenk an mich, denn im »normalen Leben« würde ich jetzt einen Zahn zulegen und schauen, dass ich das Entblättern so schnell wie möglich hinter mich bringe. Aber hier in diesem Kloster, auf dem platten Land unweit von Bordeaux, da wo sich quasi Fuchs und Hase Gute Nacht sagen, ist ja nichts normal, das bekommt selbst ein Blinder mit Krückstock recht schnell mit.

Ich atme also tief durch, streife mir die blauen Handschuhe, die mir etwas zu groß sind, über und greife zum ersten Stängel, dabei werfe ich einen schnellen Seitenblick zu Mette hinüber, die mir aufmunternd zulächelt. »Los geht's, Süße!«, scheinen mir ihre schönen blauen Augen zu sagen, »immer schön achtsam bleiben, Honey!«.

Ich halte mich an ihren stummen Rat und verbringe die nächsten Stunden damit, mich langsam durch meine Aufgabe zu arbeiten. Immer wenn ich mich dabei ertappe, schneller zu werden, schalte ich innerlich einen Gang runter. Dabei stell ich erstaunt fest, dass ich anscheinend geradezu auf Schnelligkeit programmiert bin, denn jedes Mal, wenn ich bewusst langsamer werde, meldet sich in mir ein kleines, aber vehementes Stimmchen, das mich dazu überreden will, wieder an Fahrt aufzunehmen. Dabei bringt es fadenscheinige Gründe an, die sich allerdings recht stimmig anhören: »Du stehst unter Zeitdruck und musst rechtzeitig fertig werden!«, zum Beispiel. Oder: »Was sollen denn die anderen denken, wenn du als Letzte fertig wirst, wie peinlich!« Oder: »Du hältst mit deiner langsamen Geschwindigkeit die anderen nur auf!« Oder: »Erste sein ist cool; Letzte sein ist doof!« Oder: »Die Oberschwester wird dich dafür lieben, wenn du zeigst, dass du schnell und tüchtig bist!«

O Mann, o Mann, ich kann nicht mehr! Dieses unterschwellige Gesülze in meinen Gehörgängen macht mich echt fertig. Kann mal jemand den Stecker ziehen? Das ist ja auf Dauer nicht mehr mit anzuhören! Erschreckt stelle ich fest, dass diese Stimme eigentlich ein ständiger Begleiter in meinem Leben ist, allerdings meist so unterschwellig und versteckt, dass ich sie nur im Hintergrund höre. Und trotzdem bestimmt sie oft mein Leben und meinen Alltag. Eine Antreiberin, die mich unter Druck setzt, und eine Blockiererin, wenn es darum geht, leicht und einfach zu leben. Aber da hat die blöde Nuss ihre Rechnung ohne mich gemacht: schon aus Trotz werde gleich noch langsamer und zerre hingebungsvoll und vor allem in Zeitlupe an einem extra hartnäckigen Blatt, das sich partout nicht von seinem Stängel trennen will.

Die ungewohnte Arbeit mit dem Kohl ist nicht nur mit

einem Selbstsaboteur im Ohr anstrengend, denn obwohl ich Handschuhe trage, schmerzen mir nach kürzester Zeit die Handinnenflächen, so schwer lassen sich die widerspenstigen Blätter abziehen. Und doch bemerke ich, im wahrsten Sinne des Wortes »schön langsam«, dass sich in mir eine wunderbare Gelassenheit ausbreitet. Ich zupfe weiter stetig vor mich hin, ruhig und sorgfältig, den Fokus ganz auf mein Tun gerichtet. Dabei nehme ich meine pulsierenden Hände wahr, aber auch den erdigen Geruch des Kohls, den ich in großen Eimern sammeln und dann wässern muss.

In den darauffolgenden Tagen vertieft sich, sehr zu meiner Freude, dieses Gefühl der ruhigen und zielgerichteten Aufmerksamkeit in mir immer mehr. Wenn ich in den Speisesaal komme und auf meinen angestammten Platz zusteuere, bin ich nun richtig neugierig, welches Gemüse oder Obst an diesem Tag wohl auf mich warten wird. Ich versuche, allem mit der gleichen Offenheit zu begegnen, egal ob ich Erbsen aus ihren Schalen pulen oder die ersten Pflaumen der Saison von ihren Kernen befreien muss. Etwas in mir entspannt sich zunehmend – und das sind nicht nur meine arg geplagten Schultern und mein Nacken! Es ist, als würden auch tiefere Schichten meines Körpers regelrecht aufatmen. Ein wahrlich schönes Gefühl, das sich auch nachts durch einen tiefen, erholsamen Schlaf und tagsüber mit einer höheren Konzentration in der Meditationshalle bemerkbar macht.

Und so stehe ich nun nach dem obligatorischen »Lazy-Day«, der immer montags das Klosterleben fast zum Erliegen bringt, erwartungsvoll an einer Art Waschschüssel-Straße, die bei dem herrlichen Wetter draußen vor der Küche aufgebaut ist. Der »Lazy-Day« wurde von Thich Nhat Hanh vor ein paar Jahren eingeführt und kommt der ursprünglichen Bedeutung unseres Sonntags ziemlich nahe: Alle Aktivitäten ruhen, damit man sich verstärkt um seine körperliche, aber auch geistige Gesundheit kümmern kann. Jeder kann seinen Tag so gestalten, wie er möchte, und schon mal ausprobieren, wie er das, was er hier so mitbekommen hat, für sich selbst umsetzen kann – allerdings immer im Sinne der Achtsamkeit, versteht sich!

Ich selbst verbringe meinen »Lazy-Day« fast ausschließlich vor meinem Zelteingang auf einer Decke in der Sonne, trinke ab und zu mal eine Tasse Tee mit Anne, die alle paar Stunden vorbeistromert, um mit mir zu plaudern. Ich bin also tatsächlich fit und ausgeruht und harre neugierig der Dinge, die da kommen.

In der dritten Woche ist Töpfeschrubben angesagt. Mit mir haben sich ein paar Mitstreiter eingefunden, die ebenfalls dafür eingeteilt wurden. Eine kleine, quirlige Nonne mit einem breiten herzlichen Lächeln, das sich bis weit über die Ohren hinaus zu ziehen scheint, um am kahl geschorenen Hinterkopf, der übrigens recht hübsch anzusehen ist, wieder zusammenzutreffen, weist uns in unsere neue Tätigkeit ein.

Wir sollen eine Kette entlang der »Waschstraße« bilden; in den großen Bottichen aus Plastik befindet sich unterschiedlich temperiertes Wasser, von ziemlich heiß bis kalt, und in den ersten beiden noch zusätzlich biologisch abbaubares Spülmittel. Die am Boden meist recht angebrannten Töpfe durchlaufen so mithilfe von Scheuerschwämmchen und Lappen ein Reinigungsprogramm, an dessen Ende dann der Behälter mit klarem, kaltem Wasser steht. Dort werden die letzten Reste von Seifenlauge und Schmutz abgespült und der gemeine Topf an sich kann wieder seiner ursprünglichen Bestimmung übergeben werden, dem Kochen.

Da die Wannen erhöht auf zusammenklappbaren Tischen ihren Platz gefunden haben, stehen wir fleißigen Helferlein auf kleinen Trittschemeln, um besser arbeiten zu können. Neben den Töpfen warten auch noch verdreckte und verklebte Pfannen, riesige Schöpf- und übergroße Schaumkellen und anderes Großzubehör aus der Küche auf ihre tägliche Grundreinigung – alles auf einem riesigen Berg am Anfang der Waschstraße gestapelt.

Unser Team ist jung und fröhlich. Eine Schulklasse hat mit ihrer Lehrerin aus dem nahen Bordeaux den Weg hierher gefunden, um eine Woche lang gemeinsam Klosterluft zu schnuppern. Und so finde ich mich schließlich zwischen Gérôme und Hermès wieder, zwei coolen, dunkelhaarigen Jungs, deren ausgewaschene Jeans bis in die Kniekehlen hängen. Mangels Französischkenntnissen meinerseits und rudimentären Englischkenntnissen ihrerseits verständigen wir uns mit Händen und Füßen, was meine beiden neuen Freunde naturgemäß eindeutig besser drauf haben – die Franzosen reden nun mal gerne und viel mit ihren Händen. O, là, là!

Wir drei haben jedenfalls gleich von Beginn an jede Menge Spaß zusammen, was uns gelegentlich den einen oder anderen wachen Blick von Sister »Big Smile«, der Nonne mit dem breiten Lächeln, einbringt. Aber die junge Nonne amerikanischer Abstammung ist ja selbst noch sehr jung und so drückt sie meist ein Auge zu und greift nur ein, wenn wir uns allzu albern und laut kreischend gegenseitig mit Wasser bespritzen – schließlich gilt ja eigentlich auch während dieser Arbeit das bereits erwähnte edle Schweigen.

Nach meinem ersten Tag an der »Waschstraße« sinke ich glücklich vor lauter Lachen auf mein Nachtlager und freue mich auf die kommende Zeit mit Hermès und Gérôme. Vielleicht läuft dieses Mal ja alles ganz easy für mich, einfach eben, ohne inneren Schweinehund, zermürbendes Hadern oder sonstige Blockaden. Mit diesen Gedanken schlafe ich ein, um in meinen Träumen mit meinen beiden neuen jugendlichen Freunden in einer typisch französischen Kneipe so richtig einen draufzumachen.

Am darauffolgenden Morgen – alles wie gehabt: Nonne singt, Glocke klingt – schäle ich mich tatsächlich aus meinen Federn, als hätte ich einen gestandenen Kater; lediglich der charakteristische Kopfschmerz fehlt. Ansonsten tut mir so ziemlich alles weh, was in einem menschlichen Körper wehtun kann. Habe ich mich etwa während meiner Sause in der vergangenen Nacht verlegt? Doch just in diesem Moment fällt es mir wie Schuppen von den Augen, wer der Verursacher meiner immensen Rücken- und Oberarmschmerzen ist: die »Waschstraße«! Und so schleppe ich mich nach dem Mittagessen, unserer Abwaschzeit, erneut vor die Küche, um mich mit einem schmerzverzerrten Lächeln wieder zwischen Gérôme und Hermès einzureihen, die heute auch nicht mehr ganz so jugendlich fit und strahlend aus der Wäsche schauen wie gestern.

Zwei Tage später spricht mich »Big Smile« nach dem Abwasch an, um mich zu fragen, warum ich nicht mehr so viel lache wie am ersten Tag. »Where is your big smile?«, fragt sie mich und entblößt dabei wieder ihre schönen, makellos weißen Zähne bis zum Anschlag. Ich erzähle ihr, dass meine Arme so weh tun, als hätte ich in den vergangenen Tagen Baumstämme gestemmt, ganz zu schweigen von meinem Rückgrat, das mit ziemlicher Sicherheit bald in zwei Teile auseinanderbricht. Doch »Big Smile« nimmt mich nur dauergrinsend in ihre weichen Arme und flüstert mir dabei ins Ohr: »How does it feel?«

Hä, versteh ich nicht, was meint sie damit? Ich kann ihr schon sagen, wie ich mich fühle, nämlich wie von einem Lastwagen überfahren. Doch meine amerikanische Nonne zieht mich zu einem schattigen Plätzchen nahe der großen Glocke und wiederholt freundlich ihre Frage an mich: »Wie fühlt sich das an?«

Es gibt einfache buddhistische Meditationsformen, die sich genau um diese eine Frage drehen: Wie fühlt sich das an? Während man also auf seinem Kissen sitzt, beobachtet man das, was im Innersten vorgeht und versucht sich dabei immer wieder die Frage nach dem Wie zu stellen. Dadurch bleibt man fast schon spielerisch mit der Aufmerksamkeit beim Objekt der Meditation. In meinem Fall, dem körperlichen Schmerz, geht das folgendermaßen, wie mir Sister »Big Smile« nun eindrucksvoll mit ihrem breiten amerikanischen Slang erklärt: Jener Schmerz, der sich während einer Meditationsphase am deutlichsten in den Vordergrund drängt, wird vom Meditierer sanft in die Aufmerksamkeit genommen. Dann wird der Schmerz genauestens unter die Lupe genommen. Wie fühlt er sich an? Wo hört er auf und wo beginnt er – hat er also Grenzen, die ich gefühlsmäßig abschreiten kann? Was für eine Farbe hätte er, wenn ich ihm einen Farbton zuordnen könnte? Ist der Schmerz fließend oder starr, brennend oder pochend … usw.

Durch dieses sogenannte Benennen und Befragen des Schmerzes fühlt sich der arme Kerl angenommen und gesehen – und wenn alles gut läuft und der Schmerz auch wirklich Lust dazu hat, dann verschwindet er dadurch vielleicht sogar und löst sich in den Weiten des Körpers auf. Schön wär's!

»Big Smile« haut mir kameradschaftlich auf die Schulter – aua! – und rät mir, bei der folgenden Abwaschsession mal genau in meinen Schmerz hineinzufühlen, neben meiner Tätigkeit als »Tellerwäscherin« versteht sich. Diese Form der Meditation klappt nämlich auch im täglichen Leben und nicht nur im stillen Kämmerlein auf dem Meditationskissen.

Gesagt, getan, und so stehe ich wenige Minuten später wieder an meinem angestammten Platz, um meine Arme zum wiederholten Male bis über beide Ellenbogen ins warme Spülwasser zu tauchen. Ich gebe meinen beiden Jungs Bescheid, dass ich nun keine Zeit habe für Faxen, weil ich gerade eine wichtige Meditationsanleitung erhalten habe, und begebe mich auf eine Reise ins Innere meines Körpers – die Töpfe und Pfannen, die währenddessen durch meine flinken Hände wandern, behalte ich zwar nach wie vor schön im Blick, aber zugunsten meiner Schmerzübung schalte ich vorübergehend auf Autopilot.

Zunächst schaffe ich es nicht, mich wirklich zu konzentrieren. Neben mir summt Gérôme leise einen französischen Gassenhauer von Jean-Jacques Goldman in einen der großen, silberfarbenen Töpfe, die einzig für die Herstellung der Unmengen von Tofu, die hier in Plumvillage verzehrt werden, gedacht sind. Meine Gedanken wandern vom Gespräch mit »Big Smile« zu einer Mutmaßung, ob sich das schöne Wetter wohl halten wird, bis hin

zu meinem Traum in der letzten Nacht. Doch dann endlich, aber doch recht unsanft, springt meine Aufmerksamkeit förmlich hinauf zu meinen Schulterblättern. Ich muss
wohl eine ungelenke Bewegung gemacht haben, als ich die
schwere Pfanne im Wasser wenden wollte, um auch den
Boden sauber zu kriegen, denn plötzlich schießt mir ein
stechender Schmerz unters linke Schulterblatt und lässt
mich zusammenfahren. So, jetzt aber nichts wie hin zum
Ort des Geschehens, das ist doch die Gelegenheit, um meine Fragen loszuwerden!

Der Schmerz in meinem oberen Rücken fühlt sich heiß
und stechend an; wie ein Messer bohrt er sich in Richtung
Rippen. Würde ich ihm eine Farbe geben, dann wäre dies
eine Art helles Rot, das an den Rändern zu einem schaumigen Weiß wird. Ich bin selbst überrascht über diese
Farbgebung und auch darüber, wie exakt sie die Beschaf-
fenheit des Schmerzes beschreibt. Irgendwie macht dieses
»Spiel« fast schon Spaß. Die Tatsache, dass es sich weiterhin um einen unangenehmen Körperzustand handelt,
macht das Ganze allerdings einen Tick mühsam, denn ich
bemerke schon auch, dass ich am liebsten vor dem Pochen
und Brennen Reißaus nehmen will – und nicht bei ihm
bleiben möchte, um ihn weiter zu erforschen.

Doch ich fühle mich der lieben »Big Smile« irgendwie
verpflichtet, schließlich hat sie mir einen Teil ihrer kostbaren Zeit geschenkt und das mag schon was heißen, denn
die Mönche und Nonnen hier in Plumvillage haben alle
ganz schön viel zu tun. Oft sehe ich sie mit fliegenden Kut-
tenschößen über das Gelände hasten, immer das Wohl der
anderen im Sinn.

Ich stelle fest, dass mein Schmerz sich wellenartig von
der Schulterpartie Richtung Nacken fortbewegt, dabei

produziert er kleine, prickelnde Stiche, die sich anfühlen, als würde mich ein unsichtbarer Schneidermeister als Nadelkissen benutzen. Und zwischen zwei Wellen tut sich … absolut nichts! Huch, da muss ich nochmal genauer hinschauen. Tatsächlich ebbt die eine Schmerzwelle ab, um der anderen Raum zu schaffen, dann verabschiedet sich das unangenehme Gefühl von Anspannung, Stechen und Brennen für den Bruchteil einer Sekunde, um sich gleich darauf wieder frisch aufzubäumen. Aber für einen ganz kurzen Moment bin ich vollkommen schmerzfrei.

Da klatscht mir Hermès plötzlich eine der überdimensionalen Schöpfkellen dermaßen unsanft in meine Wanne direkt vor mir, dass mir das Wasser ins Gesicht spritzt, um mich von meiner Entdeckungsreise zwischen die Schulterblätter wieder zurück in die Realität des Abspülens zu katapultieren. Doch fürs Erste hab ich auch genug. Ich lächle zum Abschluss meiner kleinen Meditation erst meinem geplagten Rücken zu, der sich jetzt irgendwie viel leichter und weicher anfühlt, und dann dem lieben Hermès … bevor ich mich mit einer ordentlichen Ladung Schaum revanchiere.

Ich kann nicht behaupten, dass sich im Laufe der Woche mein Schmerz ganz verzieht, denn das Wuchten des schweren Küchengeräts fordert einfach seinen Tribut. Aber durch die Übung von »Big Smile«, die ich immer wieder anwende, wenn es mich allzu arg im Nacken oder im Schulterbereich zwickt, ist der Schmerz tatsächlich zu etwas geworden, was zu MIR gehört. Ich kümmere mich um ihn und spalte ihn nicht mehr ab, weil ich ihn nicht haben will. Dadurch merke ich manchmal regelrecht, wie sich der kleine Quälgeist geradezu entspannt und aufatmet – so wird es für uns beide leichter, für mich und für meinen Schmerz.

Das Schrubben der Töpfe läutete gleichzeitig auch meine letzte Woche in Plumvillage ein, die wie im Flug vergeht. Und so finde ich mich plötzlich wieder beim Abbauen meines Zeltes wieder. Wehmut steigt in mir auf, als ich das letzte Fiberglasgestänge in der Zelttasche verstaue und auf das vergilbte Rechteck am Boden blicke, auf dem ich drei Wochen lang gelegen bin.

Ich verabschiede mich von Anne, Mette, »Big Smile«, Hermès und Gérôme und ertappe dabei ein paar Tränchen, die sich verstohlen über meine Wangen rollen. Doch gegen »Big Smiles« Lächeln und die verschmitzt blinzelnden Augen meiner beiden Jungs können sie sich nicht lange halten und bald schon plaudern wir alle lachend ein letztes Mal über unsere außergewöhnlichen Erlebnisse in diesem ungewöhnlichen Kloster. Dabei ist eigentlich nichts Weltbewegendes geschehen, oder?

Susanne wird
ökologisch

Mit Waschnüssen, Tofu und Co.

wie ein besserer Mensch leben

Also, ich weiß nicht, ob das was bringen soll! Produzieren die Dinger überhaupt so etwas wie Seifenlauge?« Ich stehe mit meiner besten Freundin Dagmar in dem großen, super modernen, neuen Bioladen, der vor einiger Zeit in der Nähe meines Viertels eröffnet hat. Etwas hilflos ob der enormen Fülle an biologischen Bleichmitteln und diversen anderen Pülverchen und Seifen stehen wir regelrecht geplättet vor einem Regal in der Putz- und Reinigungssektion und lauschen gleichzeitig jenem Gespräch der beiden Frauen, die sich hinter uns gerade über die Vorzüge und Nachteile indischer Waschnüsse auslassen.

»Klopfen die meisten Inderinnen nicht ihre dreckige Wäsche am liebsten auf Steinen am Flussufer aus?«, fährt die eine gerade fort, während mir Dagmar stumm grinsend in die Seite boxt. »Ja genau«, erwidert ihre Begleiterin, um im gleichen Atemzug noch hinzuzufügen, »die haben ja auch schrecklich schmutzige Flüsse da drüben in Indien, in denen die ihr Zeug drin sauber machen. Da ist es im Grunde dann eh schon egal, ob sie mit so einer schrumpeligen Waschnuss schrubben oder mit Kernseife. Also ich bleib dann doch lieber bei meinem bewährten Waschmittel; da weiß ich, woran ich bin!« Die beiden drehen sich auf dem Absatz um und rauschen weiter.

So leicht wollen wir zwei es uns natürlich nicht machen, denn wir haben beschlossen den kommenden »Selbstversuch« gemeinsam zu starten – und selbstredend, wenn möglich auch eine Zeit lang durchzuhalten. Dagmar und ich sind schon seit vielen Jahren befreundet und teilen Freud und Leid miteinander. Meine beste Freundin wohnt mitsamt Mann, Hund, Katze und zwei pubertierenden Jungen neunzig Kilometer von mir entfernt in Ingolstadt. Unser Plan ist es, dass wir insgesamt vier Wochen lang, freilich jede für sich in ihrem jeweiligen Zuhause, mit den eben erwähnten und sicher zu Unrecht verschmähten Waschnüssen waschen. Schließlich exportiert Indien diese Wunderwaffe gegen Schmutz und Flecken mittlerweile in die ganze Welt und ihre ökologischen Vorteile sind nicht von der Hand zu weisen. In meine Vorstellung vom »besseren Leben« lassen sich die Früchte der Waschnussbäume deshalb perfekt integrieren.

Meine Freundin Dagmar war es übrigens auch, die mir nahelegte, zusätzlich den ökologischen Aspekt des einfachen Lebens genauer in Betracht zu ziehen. Ich selbst hätte es vielleicht bei meinen simplen Hütten, Kloster- und Almerfahrungen belassen, aber das fand meine durch und durch ökologisch einwandfreie Dagmar gar nicht gut. Also habe ich es im Grunde ihr zu verdanken, dass ich mich wochenlang von Körnern, Flocken, Soja und Fleisch von garantiert glücklichen Tieren ernährte – dazu im Folgenden gleich mehr –, und dass meine Klamotten nach vier Wochen Waschnussbehandlung, na ja ... immer noch sehr adrett waren. Aber mal im Ernst: Eine einfache Lebensweise beinhaltet natürlich auch eine Rückbesinnung auf das Wesentliche und einen nachhaltigen Umgang mit den Ressourcen unserer Erde, da hat meine liebe Freundin schon recht!

Für viele Menschen, deren Sehnsucht nach mehr Einfachheit verlangt und die versuchen, ihr Leben danach zu gestalten, gehört der weitgehende Verzicht auf so manche Errungenschaft der Neuzeit und der umsichtige Umgang mit den natürlichen Ressourcen der Erde unbedingt dazu. Denn vieles, was uns unseren Alltag erleichtert, hat gleichzeitig fatale Folgen für Umwelt und Natur. Ein einfaches Leben ist ohne ökologisches Umdenken schlichtweg nicht durchführbar. Das gilt selbstverständlich auch für diesen Selbstversuch, was für mich im Klartext heißt, dass ich neben dem Waschnuss-Projekt selbstverständlich auch eine Zeit lang auf meinen fahrbaren Untersatz, sprich mein Auto, verzichten werde. Dass dieser Verzicht auf mein kleines Vehikel keinen Einzug in das Buch gehalten hat, liegt schlichtweg an der Tatsache, dass es da für mich nicht viel zu verzichten gab. Seit jeher erledige ich alle meine Wege in der Stadt bei Wind und Wetter mit dem Fahrrad und die wenigen Male, an denen ich das Auto aus der Tiefgarage hole, beschränken sich auf Urlaubsfahrten oder berufliche Termine als fahrende Köchin – mit viel Equipment wohlgemerkt!

Da also das Thema Auto bei mir nicht allzu viel hergibt, beschließe ich aus einer Laune heraus, mich im Anschluss an meine Ökophase im Internetentzug zu üben. Übrigens auch auf Anregung von Dagmar, die das World Wide Web regelrecht verabscheut und die deshalb tausend Mal lieber die dreckige Fußballwäsche ihrer Jungs mit herkömmlichen Waschmitteln und schwer abbaubaren Chemikalien wäscht, als den beiden zusehen zu müssen, wie sie sich bereits in jungen Jahren vor den Bildschirmen ihrer Laptops Augen und Gehirnwindungen irreparabel schädigen. Ich weiß zwar nicht, ob das ökologisch gesehen, um wieder zum Thema dieses Kapitels zu kommen, irgendetwas bringt, aber dieses ständige Erreichbar-und-miteinander-vernetzt-Sein via Computer und Handy kann ja so gesund auch nicht sein. Ganz zu schweigen von all diesen Geräten, die nach ein paar Monaten bereits wieder veraltet sind, sodass ständig was Neues her muss – sei es nun in Sachen Handy oder in Form eines brandaktuellen iPad. Die alten Geräte werden nicht selten als Elektromüll nach

Afrika verschifft, wo sie dann von kundigen Menschen repariert und wieder unter die Leute gebracht werden. In Afrika, und nicht nur dort, schüttelt man übrigens nur noch fassungslos den Kopf über unsere Wegwerfgesellschaft; kein Wunder, dass sich von dort aus viele auf den Weg machen, um in den sogenannten »zivilisierten Ländern« ihr Glück zu machen. Wer nagelneue Handys und Laptops nach sechsmonatigem Gebrauch auf den Müll schmeißt, muss doch Geld haben wie Heu, oder?!

In Sachen Handy und Mobilfunk bin ich übrigens schon seit vielen Jahren im übertragenen Sinne ein exotisches Fossil aus der Steinzeit für viele meiner Mitmenschen, denn ich besitze keines dieser kleinen, praktischen Dinger. Nicht mehr, muss ich dazu sagen, denn aus Liebesgründen hatte auch ich einst ein Handy der ersten Stunde, die in ferner Vergangenheit tatsächlich noch aussahen wie vorsintflutliche Knochen, in die man hineinsprechen konnte und die man schwer zwischen Kinn und Schulter klemmen konnte, weil sie so sperrig waren.

Mir sind diese unsichtbaren Strahlen, die mit solch einem Funknetz einhergehen, nämlich suspekt. Also unterschreibe ich bei jeder sich mir bietenden Gelegenheit jede Liste und jedes noch so erfolgloses Bürgerbegehren gegen die Installierung weiterer Handymasten, die mittlerweile ja tatsächlich wie die Pilze aus dem Boden schießen – oder besser, auf den Dächern unserer Häuser wachsen und wuchern.

Meine Strahlenantipathie geht mittlerweile sogar so weit, dass ich auch grundsätzlich keine Menschen auf ihren immer bereiten Handys anrufe. Ich lasse mir stets die Festnetznummer oder eine E-Mail-Adresse geben und weigere mich standhaft – ja nahezu militant – Freunde oder andere wichtige Leute über Mobilfunk zu kontaktieren. Dass ich ansonsten fröhlich und sehr ausgiebig das Internet nutze und somit auch Konsumentin unsichtbarer Strahlung bin, die vielleicht ziemlich schädlich ist, entbehrt zugegebenermaßen nicht einer gewissen Doppelmoral.

Außerdem weiß ich natürlich auch, dass ich regelrecht umschwirrt und umgeben bin von unsichtbaren Wellen und Strahlen. Ganz zu schweigen von den vielen künstlich erzeugten Tönen und Frequenzen, die unsere menschlichen Ohren schon gar nicht mehr wahrnehmen können, die aber trotzdem durch die Lüfte sausen, dass uns vermutlich Hören und Sehen vergehen würde, würden sie in unser Bewusstsein dringen. Ich frage mich übrigens gerade, ob das Funksignal aus Braunschweig – wo bekanntermaßen die europäische Zeit herkommt und das Funksignal dafür sorgt, dass mein Wecker im Schlafzimmer funktioniert – eigentlich auch gesundheitsschädlich ist. Dieses Signal hat einst sogar den beschwerlichen Weg über Berg und Tal hinauf zur Alm meiner Schwester gefunden. Das kann ich zur Not auch beweisen, denn ohne diesen Wecker hätte ich niemals zur nahezu nachtschlafenden Zeit, sprich morgens um fünf, meinen Weg hinunter in den Stall zum Ausmisten gefunden.

Nach einer Woche mit den Waschnüssen finde ich, ist es an der Zeit, mal bei Dagmar durchzuklingeln. Ich will wissen, wie es ihr so ergangen ist. Ich selbst kann noch nicht allzu viel zu den Wunderdingern sagen, weil ich erst zwei Ladungen Schmutzwäsche damit gewaschen habe: einmal Buntwäsche und eine Trommel voll mit weißen und hellen Klamotten, Handtüchern und Unterhosen. Ich kann auch wirklich nicht behaupten, dass die helle Wäsche grau geworden ist, aber dafür ist es wohl doch zu früh. Um den gefürchteten Grauschleier überhaupt zu verhindern, kann man, laut Dagmar, meinem Profi in Sachen Öko und Co., irgendeine biologische Bleiche zusammen mit den Wundernüssen in die Waschmaschine geben. Doch die genaue Produktbezeichnung habe ich leider schon wieder vergessen; ich werde meine Freundin danach fragen, sollte ich das Zeug, das weder Flüsse noch sonst irgendein Gewässer trübt oder belastet, noch benötigen.

Erst nach dem siebten Klingelton hechelt Dagmar ein gehetztes »Hallo« in den Hörer. Sie war gerade – welch Zufall! – im Keller in der Waschküche und ist jetzt völlig außer Atem. Auf meine Frage nach ihren Waschnuss-Ergebnissen der letzten Woche kommt sie gleich noch mehr in Fahrt und erzählt mir, unterbrochen von beidseitigen hysterischen Lachanfällen, von Jakob und seinen Fußballtrikots: In regelmäßigen Abständen ist immer eine der Mütter aus Jakobs Fußballmannschaft mit Waschen dran. Dann werden die schmutzigen Trikots aller Spieler zu Hause in die Maschine gestopft und beim nächsten Spiel wieder strahlend sauber mit in die Umkleide des Sportvereins gebracht. Letzten Mittwoch waren Jakob und Dagmar an der Reihe und so kam der gefeierte Stürmer seiner Mannschaft erschöpft und ausgepowert mit einem Berg von unsäglich dreckigen und nach Schweiß stinkenden Shirts und Hosen nach Hause. Eine große Herausforderung für Indien und seine Waschnüsse – und für unser Experiment zudem ein willkommener erster Härtetest. Doch da hatten wir die Rechnung ohne Jakob gemacht.

Just in dem Moment, als Dagmar schwungvoll die Trikots in ihre Waschmaschine stopfen wollte, kam Jakob, mittlerweile frisch geduscht, in die Waschküche geschlendert. »Willst du unsere Klamotten eigentlich auch mit diesen doofen Nüssen waschen?«, kam der Nationalspieler in spe gleich unverblümt zur Sache. »Ja, natürlich!«, konterte seine politisch korrekte Ökomutter und verfrachtete weiter eifrig Wäsche in die Trommel. Da sie ihrem Sohn den Rücken zugekehrt hatte, konnte sie den Anfang des nun folgenden Dramas im Nachhinein nur noch anhand von Vermutungen rekonstruieren.

Demnach sank Jakob bereits bei Dagmars Antwort kraftlos in die Knie, denn als sie sich endlich aufgrund eines jämmerlichen Seufzers, der plötzlich schaurig durch die Waschküche hallte, erstaunt umdrehte, kniete ihr Jüngster schon mit erhobenen Armen und gefalteten Händen in Bittstellerhaltung auf dem kalten Betonboden.

»Mama, das kannst du nicht bringen!«, begann Jakob, immer noch auf Knien, nun in Panik zu schreien: »Da schäme ich mich doch in Grund und Boden. Alle anderen Mütter waschen mit Persil!«

»Jakob, Persil ist schädlich für die Umwelt. Außerdem unterstützen wir Susanne bei ihrem Experiment.«

»Susannes blödes Experiment ist mir scheißegal!«, zeterte Jakob weiter, mittlerweile den Tränen nahe und weiterhin kniend. »Die kann doch selber mit den blöden Nüssen waschen. Meine Freunde lachen mich echt aus, wenn ich ihre Klamotten so öko-muffig zurückbringe; das indische Zeug riecht nämlich voll uncool – gar nicht frisch. Bitte Mama, wenn's sein muss, dann kauf ich auch eine Packung Persil von meinem Taschengeld. Aber bitte, bitte nimm auf gar keinen Fall diese schrumpeligen Waschnüsse! Maaaaamaaaa … !!!«

Mit diesem letzten, herzzerreißenden Schrei ließ sich

Jakob vornüberfallen, um sich theatralisch, aber doch sehr überzeugend, seinem Leid im Liegen hinzugeben. Was seine Wirkung nicht verfehlte, denn die arme Dagmar war so beeindruckt vom schauspielerischen Talent ihres Sohnes, dass sie beschloss, eine Ausnahme von der Regel zu machen und die gesamte Wäscheladung mit Fußballtrikots doch mit Waschmittel zu waschen; allerdings nicht mit der gewünschten ganz und gar nicht biologisch einwandfreien Marke des heulenden Fußballstars, sondern mit einem Flüssigwaschmittel aus dem Reformhaus. Schließlich bleibt Dagmar ihren ökologischen Prinzipien auch unter erschwerten Bedingungen treu – Blütenfrische hin oder her!

Apropos Blütenfrische, in einem stimme ich unserem verzweifelten Regionalligaspieler aus Ingolstadt ganz und gar zu: Die Wäsche duftet beim Verwenden von Waschnüssen nicht so toll nach April oder Mai, wie es bei herkömmlichen Waschmitteln der Fall ist. Doch auch da kann man Abhilfe schaffen, und zwar in Form von biologischen Duftessenzen und ätherischen Ölen, wie beispielsweise Lavendel oder Orange, die man der Wäsche tröpfchenweise beigeben kann. Bisher habe ich allerdings darauf verzichtet, denn am liebsten hänge ich meine Wäsche zum Trocknen in die Sonne auf den Balkon, denn dann duftet sie herrlich frisch nach Sommer und Wind, irgendwie nach Wetter und Natur eben.

Neben den nicht vorhandenen Duftstoffen kann ich allerdings auch nach der zweiten Woche des Waschnussexperiments nichts Nachteiliges an den trockenen, schrumpeligen Dingern, die dann in der Waschmaschine vollgesogen mit Wasser schön weich werden, finden. Die Nüsse sind sogar sehr ergiebig, denn man kann sie mehrmals verwenden und sie hinterlassen keinerlei Rückstände auf der Kleidung. Nach Gebrauch kann man sie ganz einfach entsorgen und in den Biomüll werfen und braucht sich demnach überhaupt keine Sorgen zu machen, dass in irgendeiner Form die Umwelt in Mitleidenschaft gezogen wird.

Sowohl bei mir als auch in Dagmars Haushalt – und bei ihr läuft schließlich die Waschmaschine nahezu rund um die Uhr – war übrigens über den gesamten Zeitraum des Experiments hinweg weit und breit kein Grauschleier am Horizont bzw. an T-Shirts, Unterhosen oder Bettlaken erkennbar; unsere Wäsche blieb weiß. Eine repräsentative Umfrage im Öko-Bekanntenkreis förderte allerdings schon die eine oder andere Kritik in Sachen porentiefe Reinheit zutage: Der gefürchtete Grauschleier taucht wohl tatsächlich irgendwann im Gewebe auf, meist aber erst nach ein paar Monaten, und bemächtigt sich dem strahlendem Weiß ziemlich heimtückisch. Und zwar dann, wenn man gar nicht mehr daran denkt. Doch auch in diesem Fall weiß ja meine ökologisch versierte Freundin Dagmar Rat: Biologisch abbaubare Bleiche oder schlichter Zitronensaft schaffen strahlendes Weiß!

Leider soll sich auch zudem der eine oder andere hartnäckige Fleck bei der regelmäßigen Verwendung von Waschnüssen recht unangenehm in den Fasern halten, doch das halte ich für ein Gerücht, denn Dagmars Familie steht schließlich für den Härtetest, und in Sachen Schmutz und Dreck gab es von dieser Seite bis zum Schluss hin keine Klagen.

Nach vier Wochen stellen Dagmar und ich bei einem gemütlichen Abschlussabendessen zu zweit in meiner Küche eindeutig fest, dass unser Experiment ein voller Erfolg gewesen ist. Meine liebe Freundin geht in Zukunft sogar einen Schritt weiter, indem sie nun auch noch diesen sogenannten »Waschball« ausprobieren möchte: ein blauer Kunststoffball, der von seinen Bestandteilen her so zusammengesetzt ist, dass er den Dreck regelrecht aus der Wäsche »zieht« – sehr spannend. Ich selbst beschließe für mich, mich des Waschballs zu enthalten, dafür aber weiterhin mitzuhelfen, die indische Exportwirtschaft anzukurbeln und meine nähere Umwelt nicht länger mit Giften, die sich leicht vermeiden lassen, zu belasten. Will heißen, ich bleibe bei den Nüssen!

Na ja, zumindest gelegentlich oder vielleicht im Wechsel mit einem Biopulver aus dem Reformhaus, denn komischerweise kann ich immer noch nicht ganz dem guten alten Standardwaschmittel abschwören, vielleicht, weil mich der Duft so sehr an meine Kindheit erinnert. In jedem Fall hat ein stilles Umdenken in mir stattgefunden, das durchaus ausbaufähig ist, das spüre ich ganz genau!

Um ein sogenannter »besserer Mensch« zu werden, der sich zudem die pure Einfachheit auf seine Fahnen geschrieben hat – und sei es auch nur auf Zeit –, ist es zwangsläufig von Nöten, sich mit Umwelt und Natur auseinanderzusetzen. Die Waschnüsse sind da schon mal ein guter Anfang gewesen, doch das Ganze ist natürlich fast unbegrenzt ausbaubar. Just in dem Moment, als ich darüber nachdenke, was ich noch so alles in meinem Alltag ändern könnte, kommt mir doch tatsächlich das Schicksal zu Hilfe, denn mein Supermarkt um die Ecke schließt in einigen Tagen für vier lange Wochen seine Türen wegen Umbaus! Nun lebe ich freilich in einer großen Stadt, wo es schier unbegrenzte Möglichkeiten des Einkaufens gibt, doch warum nicht die Gelegenheit beim Schopf packen und ab jetzt, sprich bis zur Wiedereröffnung, ausschließlich auf Bioprodukte zurückgreifen!

Gesagt, getan, denn direkt neben meinem nun bald geschlossenen Supermarkt befindet sich schon seit vielen Jahren ein kleiner, familienbetriebener Naturkostladen. So muss ich auch weiterhin nicht weit laufen, um meine Einkäufe zu erledigen. Bisher habe ich dort zwar auch immer wieder mal etwas eingekauft, aber meistens bin ich dann doch aus Kostengründen zur großen Konkurrenz gegangen. Jetzt werde ich im kommenden Monat zur selbsternannten Stammkundin zwischen Körnern, Tofu und Dinkelnudeln – das Klischee lässt mal wieder grüßen – avancieren und hoffe, dass mich dieser Entschluss nicht in den finanziellen Ruin treiben wird.

Die Vorstellung, dass Bioprodukte im Vergleich zu herkömmlichen Lebensmitteln horrend teuer sind, spukt nicht nur in meinem Kopf hartnäckig herum, sondern ist auch sonst, soweit ich weiß, recht weit verbreitet. Aber sei's drum, dann werde ich halt meinen Notgroschen auf der Bank anzapfen; was tut man nicht alles für Selbststudien im Sinne eines besseren Lebens! Außerdem bin ich schon ziemlich neugierig, ob sich in den vier Wochen etwas in Sachen Körper und Gesundheit bei mir tut. Das wäre ein durchaus begrüßenswerter Nebeneffekt. Viel Bewegung und ausschließlich gesunde, biologisch einwandfreie Ernährung, wenn das kein Garant für einen straffen Body ist, dann weiß ich es auch nicht!

Ich kann übrigens nicht von mir behaupten, dass ich grundsätzlich ungesund lebe. Die Tendenzen zu Ausgewogenheit und bewusster Ernährung sind durchaus in mir angelegt, wenn sie auch nicht immer durchschlagen. Wie viele meiner Mitmenschen in meinem näheren und auch etwas weiteren Umfeld achte ich auf meine Ernährung und auf genügend körperliche Betätigung – manchmal jedenfalls.

Doch es wäre schlichtweg gelogen, mich als durch und durch politisch korrekt in diesen Dingen zu bezeichnen. Mein innerer Schweinehund ist nämlich recht vehement, wenn es um die Erfüllung seiner Bedürfnisse geht. So ist zum Beispiel keine Nougatschokolade einer ganz bestimmten Sorte, die es hundertprozentig nicht im Bioladen gibt, vor ihm sicher. Mein süßes, putziges »Haustier« liebt zudem Gummibären in allen erdenklichen Formen und Farben, nur leider nicht die biologischen, also die ohne Gelatine (!), und überhaupt nur die, für die ein bekannter deutscher Showmaster wirbt, dem sicher nicht wegen des übermäßigen Genusses der kleinen, putzigen Bären auch schön langsam die Haare ausgehen – oder vielleicht doch? Aber nein, wir werden eben alle älter, Gelatine hin oder her.

Übrigens könnte er – mein Schweinehund, nicht der Moderator – für ganz gemeine Chips »Ungarischer Art«, Gott sei Dank nur gelegentlich, einen Mord begehen. Und leider nimmt er es bei all diesen Schweinereien auch noch ganz genau, will heißen, er bevorzugt bei sauren Stäbchen und Co. ganz bestimmte Mode-Marken, ähnlich wie ein Teenager in der Pubertät, die man leider niemals im Süßwarenregal meiner neuen Bioladen-Familie um die Ecke finden wird. Also bin ich jetzt ziemlich gespannt darauf, wer von uns beiden zuerst auf Entzug kommen wird: ich oder dieser kleine innere Quälgeist.

Der Fairness halber sei gesagt, dass auch ich selbst die

eine oder andere Schwachstelle besitze, ich also nicht alles auf meinen zuckersüßen Schweinehund abwälzen kann. Ich finde gekörnte Gemüsebrühe mit Geschmacksverstärker richtig lecker und kann überhaupt nicht verstehen, wie man sich das muffige Zeugs aus dem Bioladen als Suppenbasis einverleiben kann. Und wenn ich mit meiner Freundin Maria montags um Punkt achtzehn Uhr zum Schnitzelessen in unsere Stammkneipe gehe, dann ist mir mehr als bewusst, dass man für fünf Euro neunzig kein biologisch einwandfreies Fleisch von einem artgerecht gehaltenen und zudem auch noch glücklichen Schwein oder Kalb auf den Teller bekommt.

Dagmar ruft übrigens bei fast jedem Betrieb und bei jedem noch so kleinen Erzeuger an, der sich mit einer Telefonnummer auf der Verpackung seines Produkts verewigt hat. Sie scheut sich nicht, den Hersteller ihres Lieblingsschinkens nach der Haltung seiner Tiere zu fragen oder nervt die Sekretärin einer Hühnerfarm so lange, bis diese quasi eine eidesstattliche Erklärung abgegeben hat, dass die Eier, die Dagmars Familie zuhauf vertilgt, tatsächlich von glücklichem und frei herumlaufendem Federvieh stammen.

Für Außenstehende ist Dagmar zuweilen eine radikale Nervensäge, ich hingegen bewundere sie für ihr selbstloses Engagement. Dann zum Beispiel, wenn sie im tiefsten Winter an die Fensterscheiben von warmlaufenden Nobelkarossen klopft und die verblüfften Insassen der Autos charmant bittet, doch den Motor im Sinne der Umwelt und ihrer heranwachsenden Söhne, die doch schließlich ein hohes Alter erreichen sollen, damit sie in die Rentenkasse einzahlen können, auszuschalten. Was ihr nicht selten eine rüde Abfuhr einbringt, doch meine Ritterin ohne

Furcht und Tadel in Sachen saubere Umwelt bringt das so leicht nicht aus dem Konzept, denn schließlich kämpft sie, und das ist schlichtweg nicht von der Hand zu weisen, für eine große und gute Sache und in diesem speziellen Fall auch für saubere Luft, die uns alle angeht.

Doch zurück zu mir und meiner Ernährungsumstellung. Öko und Bio sind salonfähig, ja geradezu hip geworden. Neuerdings schießen sogar Gourmetrestaurants, in denen standardmäßig bio gekocht wird, wie Pilze aus dem Boden und biodynamischer Hollersirup mit Quellwasser veredelt oder garantiert pestizidfreies Pastinakenpüree entpuppen sich als heimliche Dauerbrenner in gastronomischen Kreisen.

Ich bin also mit meinem Selbstversuch anscheinend eindeutig auf der sicheren Seite und noch dazu voll im Trend, als ich mich nun, vorbei an den verschlossenen Glastüren meines Supermarkts des Vertrauens, auf den Weg mache, um mich im Bioladen mit den notwendigsten Lebensmitteln für die kommenden Tage einzudecken. Seit meiner Entrümpelungsaktion vor einigen Monaten halte ich Kühlschrank und Vorratskasten erfreulich überschaubar und in der Regel ohne abgelaufene oder gar vergammelte Altlasten, sodass ich ganz genau weiß, was ich heute brauche und welche Vorräte ich auffüllen muss.

Überhaupt bemerke ich seit Beginn meines Selbstversuchs, dass sich, bei aller Flapsigkeit und Ironie, mit denen ich das Thema zuweilen angehe, einige erstaunlich angenehme Eigenschaften entwickelt haben, die ich vorher an und auch in mir nicht wirklich beobachten konnte. So weiß ich spätestens seit der Zeit auf der Alm meiner Schwester Michaela das Leben mit Tieren und die harte

Arbeit, die damit verbunden ist, sehr zu schätzen. Bis heute muss ich beim Griff ins Kühlregal des nun verschlossenen Supermarkts an Wilma, Henriette, Pinzi und all die anderen Kühe denken, die mich und meine Schwester den Sommer über konstant mit Milch, Sahne und Butter versorgt haben. Nicht zu vergessen unsere fünf Hühner, die nach einer kurzen unproduktiven Anlaufphase treu jeden Tag ihre Eier ins Stroh ihres offenen Stalls gelegt haben. Dafür bekamen sie von uns manchmal eine Extraportion Spaghetti gekocht, die sie dann aufgeregt flatternd wie lange, weiße Würmer im Schnabel durchs Gras vor unserer Hütte umhertrugen, bis sie ein sicheres Plätzchen gefunden hatten, um sie genüsslich zu verspeisen.

Die einfachen Arbeiten im Kloster von Thich Nhat Hanh nahe Bordeaux und auch der Kochkurs bei Ed Brown im österreichischen Scheibbs öffneten mein Herz für die einfachen Dinge des Lebens und für die simplen Alltagsgegenstände, die ich täglich brauche und benutze. Manchmal, wenn mich während irgendeines Tuns, das ich früher schnell nebenher erledigt habe, plötzlich die Erinnerung an Plumvillage, an Anne und unsere Toiletten oder an den Teig knetenden Ed überfällt, halte ich abrupt inne und beginne mir dabei zuzuschauen, was ich da eigentlich gerade mache, so wie ich es von diesen Menschen gelernt habe – und dann überkommt mich in der Regel eine tiefe Dankbarkeit für all die Vorreiter in Sachen Einfachheit und bewusstes Leben.

Doch nicht nur Tellern, Schüsseln, Klos und Töpfen stehe ich beispielsweise seit meinem unvergesslichen Aufenthalt in Südfrankreich weichherziger gegenüber, ich habe auch ein neues Gespür für jene Menschen bekommen, die für uns alle tagtäglich die Arbeiten übernehmen, bei denen wir selbst oft die Nase rümpfen. Putzfrauen und -männer in öffentlichen Gebäuden wie Flughäfen oder Kaufhäuser haben zum Beispiel für mich seither ein »Gesicht« bekommen. Und auch den besenschwingenden jungen Mann, den ich manchmal in meinem Stadtviertel morgens um sechs sehe, wenn ich schlaftrunken mit einer Tasse Kaffee auf dem Balkon stehe, um den Tag zu begrüßen – was zugegebenermaßen nach wie vor relativ selten passiert –, betrachte ich nun mit anderen Augen. Wie sähen unsere schönen, sauberen Straßen, für die wir Deutschen schließlich weltweit bekannt sind, ohne diesen schlaksigen Typen mit den weißen Musikstöpseln im Ohr und seine Straßenfeger-Kumpels aus? Nicht auszudenken!

Das alles geht mir nun durch den Kopf, als ich mit meinem noch leeren Weidenhenkelkorb – ich finde, das schaut so schön nach Landfrau und Ökobauernhof aus, deshalb hab ich meinen bunt geflochtenen Plastikkorb heute zu Hause gelassen – jenen Laden betrete, der in den kommenden Wochen meine kulinarische Zuflucht sein wird.

Riecht irgendwie komisch hier drinnen, aber das haben Bioläden ja so an sich. Keine Ahnung, was da so eigenartig vor sich hin muffelt, vermutlich irgendein Getreide, das ich noch nicht kenne – oder gar eine neue Waschnusszüchtung aus Indien? Nein, ich hab's! Sicher schrubben die ihren Boden abends nach Ladenschluss mit einem tollen Reiniger aus ihren eigenen Reihen, der halt nicht so aufdringlich frisch riecht wie die Produkte des im Moment geschlossenen Nachbarn. Dafür können sie danach auch getrost das dreckige Putzwasser in den Gulli kippen, ohne unser Grundwasser zu vergiften. Ich werde nachher gleich mal in der Ecke mit den Putz- und Waschmitteln nachsehen und an den Flaschen schnuppern, um herauszufinden, mit was hier feucht ausgewischt wird.

Doch zunächst begebe ich mich genüsslich mit einem kleinen Einkaufswägelchen auf Entdeckungsfahrt durch die wenigen Gänge zwischen den naturbelassenen Holzregalen; der Laden ist ja recht klein und überschaubar, sodass ich schnell einen Überblick gewinne. Für mich ist das alles hier zwar kein Neuland, das es zu erkunden gilt, weil ich auch schon vorher öfters mal einen Fuß in den Laden gesetzt habe, doch in der nächsten Zeit werde ich nun das eine oder andere »exotische« Produkt, das bisher von mir verschont geblieben ist, ausprobieren und testen. Ich kann ja gleich damit anfangen und mir diese eigenartigen getrockneten Sojabröckchen kaufen, auf deren Plastikverpackung der Hinweis »Geschnetzeltes« steht.

Zunächst noch staubtrocken und ziemlich unansehnlich, soll man die grauen Dinger, die irgendwie aussehen wie verschrumpelte Mäusegehirne, zu Hause für eine Weile in heißer Gemüsebrühe oder schlichtem gekochtem Wasser einweichen, damit sie sich vollsaugen und ihr Volumen verdoppeln können – um dann wie vollgesogene Mäusegehirne auszusehen. Klingt vielversprechend!

Danach kann man dieses Sojaprodukt allerdings genauso weiterverarbeiten wie beispielsweise Putengeschnetzeltes – also in der Pfanne anbraten, Gemüse und ein bisschen Weißwein dazu und zum Schluss mit einem Schuss Sahne aufkochen lassen. Das wird heute zur Feier des Tages mein Abendessen, und um es gleich vorwegzunehmen: Es schmeckt köstlich!

Nach meiner ersten Bio-Woche, mit einigen unbestrittenen kulinarischen Highlights wie besagtem Sojageschnetzeltem oder herrlich krossen Tofuburgern, ziehe ich aber dann doch eine leicht durchwachsene Bilanz, denn zum einen hat sich meine Vermutung leider schon bestätigt: Das Ganze geht ins Geld! Und zum anderen vermisse ich jetzt schon ein paar Dinge, die es nur im Discounter gibt: vor allem Süßigkeiten. Ich bin also definitiv auf Zuckerentzug und, wenn das so weitergeht, auch bald pleite! Doch es gibt wahrlich auch Positives zu berichten und zwar nicht nur in Sachen ausgefallene Lebensmittel. So werde ich z. B. bereits nach wenigen Tagen im Laden persönlich mit meinem Nachnamen begrüßt. Und das mitten in der Stadt, wo doch eigentlich keiner mehr den anderen kennt und alle nur noch nebeneinanderher leben.

Seit über fünfzehn Jahren kaufe ich nun schon im Supermarkt meines Vertrauens ein – zur Erinnerung: der Nachbar! –, kenne die Gesichter all der arbeitenden Menschen dort wie die meiner eigenen Verwandten und trotzdem hat mich noch keiner von denen nach meinem Namen gefragt. Schlimmer noch: Die Kassendamen und -herren schauen jedes Mal durch mich hindurch, als wäre ich unsichtbar oder als würde ich zum allerersten Mal dort meine Ware aufs Band legen. Aber vielleicht liegt es ja auch an mir. Ich bin auch nicht gerade ein Ausbund an Freundlichkeit, wenn ich gehetzt, und das ist meist der Fall, an der Kasse stehe. Habe ich mich je schon für die Frauen und Männer dort interessiert, die tagtäglich diese eintönige Arbeit erledigen müssen? Nein, ich will, genau wie die allermeisten Kunden wohl auch, einfach nur schnell abgefertigt werden und dann nichts wie raus aus dem Laden.

Dazu fällt mir eine sehr berührende Geschichte ein, die mir vor einiger Zeit einmal ein Freund erzählt hat. Es ist eine jener Geschichten, die immer wieder weitererzählt werden. Eines Tages kann man gar nicht mehr nachvollziehen, wem die Begebenheit denn nun in ferner Vergangenheit wirklich widerfahren ist; die Geschichte wird zur Metapher. Diese hier wurde für mich zu einem Lehrstück dafür, dass nichts so ist, wie es vielleicht auf Anhieb scheint oder wir es uns vorstellen.

Eines Tages steht ein Mann, nennen wir ihn Hans, in der Warteschlange an der Kasse eines Supermarktes. Die Schlange ist recht lang und Hans hat es ziemlich eilig, doch es geht irgendwie nichts vorwärts. Die Menschen vor und hinter ihm beginnen, unruhig zu werden, und einige von ihnen beschweren sich auch lauthals. Ganz vorn, direkt bei der Kassiererin, steht eine alte Dame, die einen kleinen Jungen auf ihrem Arm hält. Sie wechselt mit der Frau an der Kasse ein paar Worte, was ziemlich lange dauert – jedenfalls in der Wahrnehmung von unserem Hans –, dann beugt sie sich mitsamt des Jungen nach vorn, sodass der kleine Kerl seine Ärmchen um den Hals der Kassiererin schlingen kann. Hans wird immer ärgerlicher.

Was soll das, denkt er insgeheim, diese Frau sollte ihrer Arbeit nachgehen, schließlich wird sie dafür bezahlt, und nicht fremde Kleinkinder herzen.

Nachdem die Oma mit dem Kind verschwunden ist, geht es endlich weiter und als Hans endlich bei der Kassiererin angelangt ist, will er seiner Wut Luft machen. »Süßer kleiner Bub!«, sagt er zynisch und will auch gleich mit seiner wohlüberlegten Schimpftirade loslegen, als die junge Frau lächelnd zu ihm aufblickt und sagt: »Ja, danke, das ist mein Sohn! Mein Lebenspartner hat uns noch vor seiner Geburt verlassen und ich musste nach ein paar Wochen gleich wieder ganztags arbeiten gehen. Meine Mutter passt auf ihn auf. Einmal am Tag kommt sie hier im

Supermarkt mit ihm vorbei, damit ich ihn sehen kann. Dann kauft sie eine Kleinigkeit, stellt sich an meiner Kasse an und ich kann ihn kurz drücken. Ich vermisse ihn oft so sehr!«

In diesem Moment verblasst Hans' Wut schlagartig und ein Gefühl von Empathie macht sich in ihm breit – auch Scham, dass er in der Warteschlange nur an sich und seine Bedürfnisse gedacht hat. Wer hätte denn auch ahnen können, welches Schicksal sich hinter dieser kleinen Umarmung verbarg! Er wünscht der jungen Frau noch alles Gute und verlässt seltsam berührt den Laden. Er begegnet ihr noch oft, immer wenn er Einkaufen geht, und jedes Mal erkundigt er sich bei ihr nach dem kleinen Jungen.

Ich bin mir sicher, dass ein bisschen mehr Menschlichkeit untereinander uns allen wohltun würde. Ich bilde da keine Ausnahme, das ist mir klar. Ich muss deswegen ja nicht gleich die ausführlichsten Lebensgeschichten all meiner Mitmenschen auf Teufel komm raus erfahren, aber ein freundliches »Grüß Gott« oder ein nettes Lächeln bricht auch mir keinen Zacken aus der Krone. Auch nicht gleich vor wildfremden Leuten in die Luft zu gehen, wenn mal was nicht so klappt, wie ich mir das vorstelle, wäre für mich persönlich eine wertvolle Übung. Denn zuweilen passiert auch mir so ein richtig peinlicher Auftritt in aller Öffentlichkeit, in dem ich zum Rumpelstilzchen mutiere.

Dann flippe ich zum Beispiel aus, weil ein Buch noch nicht eingetroffen ist, das ich schon vor Wochen bestellt habe, und mache die arme Buchhändlerin deswegen dermaßen zur Schnecke, als wäre ich ein durchgeknallter Rohrspatz. Dabei kann die nette Frau sicher nichts dafür, denn sie hat aller Wahrscheinlichkeit nach ihr Bestes gegeben, um das gute Stück überhaupt aufzutreiben. Ein erster Schritt hin zu mehr Freundlichkeit meinerseits wäre also auf alle Fälle in manchen Dingen dringend angesagt; ich muss ja beispielsweise in Stresssituationen nicht immer so ein missmutiges Gesicht ziehen und könnte ein bisschen mehr lächeln. Genau wie die Dame hinter der Kasse im Bioladen.

Dort genieße ich es, neben dem besagten Lächeln, tatsächlich auch sehr, mit meinem Namen angesprochen zu werden, und kaufe vor lauter Freude gleich noch zusätzlich ein Stück total ökologischer Seife, die pyramidenförmig direkt neben der Kasse aufgestapelt sind und die eigentlich überhaupt nicht hübsch aussehen oder irgendwie außergewöhnlich duften. So was nennt man Verkaufsstrategie vom Feinsten, denn ich brauche gar keine neue Seife, sondern bin nur glücklich, dass man mich mag und nett zu mir ist. Rein psychologisch gesehen natürlich.

In Sachen Finanzen muss ich mir schließlich nach einer weiteren Woche Biokost nun doch langsam ernsthaft meine Gedanken machen. Ich bin von Beruf freischaffende Autorin, die sich hin und wieder ihr »Gehalt« durch Kochen und ein paar Kurse aufpeppt. Ich bin folglich zwar bei Weitem nicht arm wie eine Kirchenmaus, aber ich muss doch gut haushalten können. Nur im Bioladen einzukaufen geht bei mir eindeutig nicht nur im übertragenen Sinne ans Eingemachte – mein Konto schrumpft schneller, als mir lieb ist.

Also beschließe ich in Woche zwei einen für mich sehr gewagten Versuch: Nicht weit von meinem Zuhause, mit dem Fahrrad locker in ein paar Minuten zu erreichen, gibt es noch einen weiteren Discounter, einen von den ganz billigen. Dort wird laut meiner Freundin Dagmar auch

Bioware feilgeboten, die man unbedenklich kaufen kann. Ich werde also in Zukunft, sprich in den verbleibenden zwei Wochen, auch ab und zu dort meine Vorräte auffrischen, mit einer erheblichen Auflage: Alle anderen Produkte im Laden sind für mich tabu, außer sie sind mit einem Ökotest-Vermerk versehen.

Also, nichts wie los, rauf auf den Drahtesel! Schon am nächsten Tag decke ich mich nun vor Ort mit allerlei Leckereien ein. Besonders saisonales und zudem biologisches Gemüse ist hier günstiger und sogar eine recht annehmbare Kaffeesorte, auf deren Verpackung besagtes Öko-Versprechen prangt, wandert in meinen Einkaufskorb. Das Vorübergehen am Süßigkeitenregal mutiert für mich danach allerdings eher zum Spießrutenlauf, denn darin versteckt sich eine Schokolade, die ich sehr gerne mag: Kaffee-Sahne, mmmmh, wie lecker! Leider wurde die noch nie von irgendeinem renommierten Verein auf eventuelle Schadstoffe und sonstige Rückstände, die mich vorzeitig ins Grab bringen könnten, getestet und so bleiben die Tafeln da, wo sie sind, nämlich im Regal. Ich hätte nicht gedacht, dass mich solch eine Lappalie so eine Überwindung kosten kann, denn noch an der Kasse, gut eine Viertelstunde später, überlege ich, ob ich schnell zurücklaufen soll, um mir ein, zwei Täfelchen für Notzeiten zu sichern.

Seit einigen Tagen setze ich übrigens, angeregt durch die vielen verschiedenen und zudem sehr günstigen Haferflocken im Sortiment des Bioladens, mein Bircher Müsli selbst an. Nicht, dass ich vorher überhaupt jemals so etwas Breiartiges morgens zum Frühstück gegessen hätte. Ich bin mehr so der Wurstbrot-Typ. Aber die schönen bunten Verpackungen in der Müsli- und Allerlei-Flocken-Abteilung meines Bio-Ladens haben mich dazu verführt, mich von Salami und Kochschinken eine Zeit lang zu distanzieren.

Überhaupt bemerke ich leicht beunruhigt, dass ich nun anscheinend doch zur, um an dieser Stelle meinen Vater unschön zu zitieren, »Körner-Fresserin« mutiere, denn immer öfter stehen auf meinem Speiseplan so ausgefallene Sachen wie Buchweizen, Dinkel, Quinoa, Hirse oder eben Haferflocken. Zu einem asymmetrischen Haarschnitt wird man mich aber niemals überreden können, da wollen wir die Kirche mal schön im Dorf lassen! Es reicht ja schon, dass ich nun jeden Morgen hochwertige Ballaststoffe frühstücke.

Mein Vater reckt übrigens eh schon seit Jahren flehentlich seine Hände gen Himmel ob seiner eigenartigen Tochter, die immer wieder den einen oder anderen Selbstfindungsversuch startet, da macht also ein Bircher-Müsli-Versuch mehr oder weniger das Kraut auch nicht mehr fett. Letzteres ist übrigens auch ein Zitat meines Herrn Papa! Was so viel heißt wie: Ist eh schon egal! Das sprichwörtliche Kraut wird in diesem Fall allerdings eher nicht fett, wenn dann schon mein Bauch samt Po und Oberschenkeln, denn mein Müsli ist eine echte Kalorienbombe.

Einige meiner Bekannten – zugegeben, meist Frauen – schwören ja auf diesen zähen, nahrhaften Brei, den ein klassisches Bircher Müsli ausmacht, denn er hilft naturgemäß beim Verdauen und hält lange satt. Aber der pure Wahnsinn, wie viel Sahne da drin ist, jedenfalls in dem Rezept, das ich für meinen neuen Frühstücksdauerbrenner aus einem meiner Kochbücher herausgesucht habe. Da kann ich mir das Müsli ja eigentlich gleich auf die Hüften schmieren! Ich vermute mal, dass meine Bekannten alle heimlich joggen gehen, um die gefühlten fünftausend Kalorien, die dieser Turbo in sich hat, wieder loszuwerden. Auf der anderen Seite ist Fett ein herrlicher Geschmacksträger, und tatsächlich: Die Kreation schmeckt geradezu sensationell!

Wer jetzt vielleicht denkt, dass ich mir vor lauter Begeisterung auch noch eine eigene Schrotmühle zugelegt habe – das original Bircher mit gemahlenem Getreide zubereitet soll der absolute Hammer sein –, der irrt, und ehrlich gesagt werde ich das auch nicht tun, denn irgendwo gibt es auch Grenzen. Außerdem steh ich nicht so auf dieses geschrotete und durch die Mühle gedrehte Zeugs, das fühlt sich immer so sandig im Mund an.

Mein Bircher Müsli wird mit zartblättrigen Haferflocken zubereitet, schön eingeweicht in besagter Sahne – jeden Tag ein halber Becher! – und mit einem Schuss Milch, damit es nicht gar so fett wird. Geraspelte Äpfel dazu und gehackte Nüsse samt einem Schuss Ahornsirup untergemischt. Eine Nacht lang durchziehen lassen – mmmhhh, lecker. Eine Woche lang schwelge ich in morgendlichen Wohlgefühlen, doch dann stelle ich eine weitere schreckliche Nebenwirkung fest – neben dem bedenklichen Zwicken meiner Lieblingsjeans an Po und Oberschenkeln, in die ich mich mittlerweile schon im Liegen reinquetschen muss: Ich beginne, ununterbrochen zu pupsen!

Zwei Stunden nachdem ich mir mein Müsli einverleibt habe, geht es auch schon los. Ich kann regelrecht die Uhr danach stellen. Und als wäre das nicht schlimm genug, meine Gasabsonderungen duften nicht gerade nach Rosen. Echt, das geht gar nicht! Bei aller Liebe, ich möchte nicht wie ein aufgeblasener Heißluftballon, der immer wieder üble Luft ablässt, durch den Tag schweben. Und so gebe ich meiner Umwelt zuliebe nach acht Tagen auf und wende mich wieder meinem gewohnten Wurstbrot zu. Mein Bioladen hat gerade herrlichen, fettarmen Kochschinken aus Italien im Angebot, das passt doch wunderbar!

Mein Verdauungstrakt erholt sich erfreulich schnell von seinem kleinen Ausflug in »luftige« Sphären, was man von meinem Portemonnaie leider immer noch nicht behaupten kann; in dem herrscht, trotz Sparmaßnahmen, weiterhin erhebliche Ebbe. Doch mithilfe kleiner Tricks, die ich mir zum Beispiel im Sommer bei meinem Zenkoch Ed in Scheibbs abgeschaut habe, komme ich dann doch so einigermaßen über die Runden.

Edward ist ja bekanntlich ein wahrer Meister im Verwerten von Resten und Co. Lebensmittel, die bei anderen aus irgendeinem stimmigen Grund längst im Müll landen, finden unter seinen Händen in der Küche noch ihre wahre Bestimmung. So wirft er beispielsweise Gemüseschalen nicht auf den Kompost, sondern sammelt sie ein paar Tage lang im Gemüsefach seines Kühlschranks, bis genug beisammen sind, um sie in einem großen Topf mit Wasser zu Gemüsebrühe zu verkochen.

In meiner finanziellen Not – o. k., ich übertreibe da ein bisschen – mache ich es ihm nun nach und schnappe mir bei meinem nächsten Einkauf im Billigdiscounter ein paar günstige Nylonstrümpfe, um diese dann zu Hause, wie beim Meister gelernt, mit Karotten- und Zwiebelschalen, Lauchenden und Paprikastrünken zu füllen. Dann wird der gut verknotete Strumpf ins simmernde Wasser gegeben und mindestens eine Stunde lang ausgekocht. Das Endergebnis schmeckt zwar irgendwie fad, leicht bitter und sieht auch nicht gerade appetitlich aus, aber nachdem ich die bräunliche Brühe mit etwas Sojasoße, Wacholderbeeren, Muskat, Cayennepfeffer und Salz aufgepeppt habe, bin ich zufrieden. Die kommenden Tage sind gerettet, ich muss nicht Hungers sterben.

Und so starte ich bald mit einer dampfenden Tasse hausgemachter Gemüsebrühe samt Sternchennudel-Einlage – gibt es auch in Bio! – ein weiteres Nebenprojekt, um ein noch »besserer Mensch« zu werden, als ich eh schon bin. Mein Supermarkt liegt in Sachen Umbau mittlerweile in den letzten Zügen, in zehn Tagen ist Wiedereröffnung, und so ist also ein Ende der Fastenzeit für meinen inneren Schweinehund schön langsam absehbar. Er ist in den letzten Wochen einfach nicht mit hochprozentiger Fairtrade-Schokolade warm geworden, die so schwarz daherkommt, dass man meinen könnte, die Kakaobohnen würden untertage im Kohlebergwerk gefördert und nicht von fair bezahlten Ökobauern irgendwo am sonnigen Äquator angebaut und geerntet.

Ganz zu schweigen von den Dinkelwaffeln mit Orangengeschmack, die einem echten »Messino«, dem Lieblingskeks seit Kindertagen, einfach nicht das Wasser reichen können. Nun denn, dafür schmecken biologisch einwandfreie Chips gar nicht so schlecht, aber auch nicht so gut, dass man nicht mehr mit dem Essen aufhören könnte, was herkömmlichen Chips durchaus zu eigen ist. Das wiederum kommt den Hüften der Besitzerin des Schweinehundes zugute.

Doch ich esse natürlich nicht den ganzen Tag, obwohl ich viel darüber schreibe, wie man sieht, und ich verbringe auch nicht meine gesamte Zeit im Bioladen, obwohl ich mich ja noch immer in der Testphase befinde. Um diese Lücken zwischen zwei Mahlzeiten zu schließen und um keine Langeweile aufkommen zu lassen, beginne ich nun zeitgleich meinen nächsten Selbstversuch.

Dieser dreht sich nun voll und ganz um die virtuelle Welt, nämlich um meinen Umgang mit dem Internet. Es geht in der kommenden Zeit also um meine ganz persönlichen Computergewohnheiten. Ein heikles Thema, denn ich verbringe durch meine Schreiberei schon allein beruflich gesehen in der Regel einen Großteil des Tages an den Tasten, sprich am Bildschirm meines Laptops. Und da ist es natürlich auch naheliegend, dass ich bei Gelegenheit mit einem Mausklick immer wieder meine Mails checke oder aus anderen Gründen im Netz surfen gehe.

Ausgestattet mit einer frisch gekochten Tasse brauner Gemüsebrühe setze ich mich also nun eines Tages ganz bewusst und komischerweise sogar ein bisschen aufgeregt an meinen Schreibtisch und fahre das Gerät hoch. Irgendwie habe ich so eine Vorahnung, dass nun einer der härtesten »Verzicht-Brocken« der gesamten Versuchsreihe auf mich zukommen wird. Beherzt drücke ich auf den Startknopf.

Susanne geht baden

Kein Surfen mehr im Internet!

In den nächsten Tagen – und vielleicht sogar Wochen – möchte ich herausfinden, wie sehr mein Laptop mein soziales Leben beeinflusst und mir dabei auch ganz ehrlich die Frage stellen, ob ich nicht vielleicht sogar abhängig bin von GMX, Skype, Facebook und all den Internetforen, die sich im World Wide Web so tummeln. Und schon jetzt befürchte ich das Schlimmste, denn dieses hibbelige Gefühl, das ich jedes Mal habe, wenn ich meinen Posteingang öffne, verheißt nichts Gutes. Das riecht eindeutig nach Abhängigkeit!

Heute, am ersten Tag meines Experiments, möchte ich einfach nur zählen, wie oft ich von meiner Arbeit, also den Manuskriptseiten, hinüberklicke in die Welt des Internets. Wie oft lasse ich mich ablenken? Und wie fühlt sich das an? Noch einen Schluck von der heißen Brühe, dann öffnet sich das Dokument meines aktuellen Buches.

Die erste halbe Stunde vergeht wie im Flug; ich arbeite konzentriert vor mich hin, nichts und niemand könnte mich jetzt ablenken oder stören. Der Rest Brühe in der Tasse wird kalt, so emsig fliegen meine Finger über die Tastatur. Dann ploppt plötzlich unten rechts auf dem Bildschirm ein kleines Zeichen auf und dazu erklingt ein leiser Ton: Mein Freund chattet mich via Skype aus England an. Sofort beginnt mein Herz freudig zu hüpfen. »Hast du Zeit zum Quatschen?«, fragen seine Zeilen, und er schickt auch gleich noch ein pochendes Herz hinterher. Mein eigenes Herz schmilzt dahin wie Butter in der Sonne. Ich kann ja später immer noch weiterschreiben, bin ja eh im Flow. »JA!«, tippe ich zurück und rücke im gleichen Moment meine Webcam in Position, damit er mich gut sehen kann und ich zudem ein vorteilhaftes Bild abgebe. Schnell noch den Haarknoten gelöst – er mag es, wenn ich die

Haare offen trage – und in die Wangen gezwickt, damit sie rosig aussehen, und schon sehe ich sein »Anrufsignal« über meinem Manuskript aufleuchten.

Wir führen seit nun fast einem Jahr eine Fernbeziehung. Er, zwar Deutscher aber durch einige Lebensumstände vor vielen Jahren auf der britischen Insel gelandet, lebt in einer rauen und kargen Gegend Nordenglands und somit nahezu zweitausend Kilometer von mir entfernt, und ich bestreite meinen Lebensunterhalt im Süden Deutschlands, in München.

Jeden Tag zur gleichen Zeit treffen wir uns mithilfe von Kamera und Internet im Cyberspace. Bisher haben wir es nicht geschafft, unser beider Leben an einem realen Ort dieser Erde zusammenzubringen, und so leben wir die meiste Zeit über an einem virtuellen Ort, ohne körperlichen Kontakt über Wochen und sogar Monate hinweg. Ihm macht das nicht so viel aus, doch ich leide schon darunter und in letzter Zeit streiten wir immer öfter über dieses Thema. Manchmal habe ich den Eindruck, dass ich verliebter in Justus bin als er in mich, denn er vermisst mich einfach nicht so sehr – ihm genügt unser reger Austausch im Netz.

Sein bärtiges Gesicht erscheint auf dem Bildschirm und ich vergesse sofort meine düsteren Gedanken. Ich erzähle ihm von meinem Buch, lese ihm ein paar Passagen daraus vor und er zeigt mir im Gegenzug seine neuesten Holz-Objekte; Justus ist Künstler. Unsere Gespräche sind meist kreativ anregend und spannend, wir schaffen es sogar in dieser zweidimensionalen Welt, eine Form von Intimität aufrechtzuerhalten, sodass wir uns manchmal sogar sehr nahe fühlen, obwohl uns nicht nur der Ärmelkanal voneinander trennt.

Eine Stunde später legen wir wieder auf und sofort vermisse ich ihn schrecklich. Vielleicht schickt er mir über Chat noch so ein kleines Herz oder einen grinsenden Smiley zum Abschluss. Mit dieser leisen Hoffnung widme ich mich nun wieder widerstrebend meinen Buchseiten – der Flow von vorhin ist wie weggeblasen. Doch wie der sprichwörtliche pawlowsche Hund, dem schon der Speichel von den Lefzen tropft, wenn nur ein bestimmtes Signal erklingt, obwohl noch gar kein Futter im Napf ist, klicke ich wie ferngesteuert immer wieder auf das Skype-Symbol, um zu sehen, ob er noch online ist und vielleicht gerade im Begriff ist, mir eine kleine Liebesnachricht zukommen zu lassen.

Und selbst wenn ich das Skypefenster nicht alle zwei Minuten öffne, um nach einer Botschaft meines Liebsten Ausschau zu halten, meine ich manchmal in meinem Ohr das charakteristische Tönchen zu hören, das eine neue Nachricht im Chat ankündigt, und schon wandert der kleine Pfeil meiner Maus wie durch Zauberhand wieder Richtung Symbolleiste zum Skypebild. Justus ist immer noch online, das sehe ich an dem kleinen grünen Häkchen neben seinem Namen, doch er ist anscheinend zu beschäftigt, als dass er mich nochmal mit ein paar Worten beglücken würde.

Auf der Alm meiner Schwester und auch die Tage auf der Hütte in den Bergen im Frühling habe ich es notgedrungen – und in Ermangelung eines Internetzugangs – geschafft, auf meine Gespräche mit Justus zu verzichten. Und auch die internetlose Zeit in Frankreich ging, lediglich unterbrochen von ein paar stillen Anfällen von Sehnsucht, relativ schnell vorüber. Allerdings war ich bei Michaela auf der Alm und auch im Kloster in Plumvillage tagsüber ganz schön beschäftigt, sodass ich meist schlichtweg keine Zeit hatte, überhaupt ans Skypen oder Mailen zu denken.

Hier in meiner Wohnung ist das natürlich etwas ganz anderes, da werde ich schon morgens von meinem Laptop magisch angezogen wie die sprichwörtliche Motte vom Licht. Mitunter schaffe ich es gerade noch so mit Ach und Krach, meine morgendliche Meditationssitzung von dreißig Minuten hinter mich zu bringen, denn während der letzten fünf Minuten auf dem Kissen werde ich meist schon hibbelig und möchte unbedingt wissen, wer mir über Nacht eine E-Mail geschrieben hat. Habe ich schon erwähnt, dass ich seit meinem Besuch im buddhistischen Kloster regelmäßig meditiere – oder es zumindest versuche?

Fünfzehn Mal habe ich in den letzten eineinhalb Stunden nach meinem Gespräch mit Justus das Skypesymbol angeklickt – und sieben Mal habe ich im gleichen Zeitraum den Posteingang meines Mailaccounts geöffnet, um meine Mails zu checken. Das kann ja heiter werden! Ich fahre meinen Computer kurzerhand runter und beschließe eine Runde laufen zu gehen. So bin ich wenigstens für eine Stunde mal weg von dem Ding.

Als ich am nächsten Tag erneut mit Justus spreche, erzähle ich ihm von meinem Internetversuch und er schlägt mir vor, eine Woche lang Funkstille zwischen uns beiden walten zu lassen. Der hat leicht reden! Dennoch lasse ich mich auf seinen Vorschlag ein, schließlich dient das Ganze ja quasi der Wissenschaft. Schweren Herzens beende ich das Gespräch, wohl wissend, dass ich in den kommenden Tagen Höllenqualen schon allein deswegen leiden werde, weil mir das tägliche Treffen mit Justus so lieb geworden ist.

Überhaupt werde ich nun die Gelegenheit beim Schopf packen und mich auch anderweitig beschränken, sprich mich nicht mehr in allen möglichen Foren des weltweiten Netzes tummeln. Ich werde in der kommenden Woche auch auf Facebook verzichten, schon deswegen, weil ich auf dieser Plattform auch mit Justus »befreundet« bin und somit dort leicht mit ihm in Kontakt treten könnte. Und ich werde eine Woche lang keine Mails abfragen.

Schon der Gedanke an den kommenden Verzicht fühlt sich an, als würde ich auf eine Art kalten Entzug gesetzt werden. So muss es einem Junkie gehen, der erst einmal seine Gier loswerden muss, die in jeder seiner Zellen sitzt und ihn von innen her auffrisst, um später dann ins organisierte Methadonprogramm eingegliedert werden zu können: Mir bricht der kalte Schweiß aus. Ist das etwa eine Form von Verlassenheitsangst, die da aus den Tiefen meines Unterbewusstseins aufsteigt? Wenn ich an Justus denke, dann bin ich mir diesbezüglich eigentlich ziemlich sicher. Und da ich ja auch weiterhin an meinem Buch arbeiten muss und nicht plötzlich auf Bleistift und Papier umschwenken kann, bleibt mir nichts weiter übrig, als dass ich den Computer in den kommenden Tagen lediglich als Schreibmaschine nutze; die Verführung wird mir quasi wie eine dicke, fette Wurst ständig vor der Nase hängen – immer nur einen Mausklick entfernt.

Ich schicke noch eine Rundmail los, dass ich in den nächsten acht Tagen per Mail nicht erreichbar sein werde, und schreibe zudem noch eine Abwesenheitsnotiz, die meine eingehende Post automatisch beantworten wird, für all diejenigen, die vielleicht in der Zeit neu dazukommen werden … und dann … gähnt da plötzlich ein großes, schwarzes Loch vor mir.

Was ist, wenn eine neue Buchanfrage reinkommt und ich binnen einer Woche zusagen soll? Vielleicht verpasse ich die Chance meines Lebens, einen Bestseller zu schreiben! Und überhaupt, ich hab die Abwesenheitsnotiz gar nicht auf Englisch formuliert! Was ist, wenn Ed, mein Zenkoch, sich aus Kalifornien meldet, weil ihm einfällt, dass er mit mir zusammen plötzlich auf Hawaii oder an einem anderen schönen Ort dieser Welt einen Kochkurs unterrichten will? Das wäre die Gelegenheit und ich bin nicht online, Mist! Schnell schreib ich ihm noch eine persönliche Mail, man kann ja nie wissen; gute Kontakte wollen gepflegt sein. Nun ist aber wirklich alles erledigt und Tag eins meiner Abstinenz kann beginnen!

Heute ist Mittwoch und das ist der Tag, an dem Justus und ich uns eh nie auf Skype treffen; er arbeitet einmal die Woche in einer Gärtnerei, um sein Einkommen ein bisschen aufzupeppen. Mittwochs ist er also nie tagsüber online, sondern buddelt mit seinen Händen in der regenfeuchten Erde Englands, und so fällt es mir leicht, ihn nicht zu kontaktieren oder auf eine Nachricht von ihm zu warten. Abends ist er dann vom Jäten, Graben und Säen meist so hundemüde, dass er gleich ins Bett fällt, ohne sich nochmal bei mir zu melden. Eigentlich würde ich sehr gerne mit ihm zusammenleben, aber er will das aus vielerlei Gründen nicht. Eine traurige Tatsache, die er mir nun schon mehrmals unmissverständlich zu verstehen gegeben hat.

Ich fahre nach meiner Morgenmediation, die in den letzten Minuten heute wider Erwarten ganz passabel war, den Laptop hoch und denke dabei an unsere Liebe auf Distanz; sehr glücklich bin ich mit der Situation nicht. Aber jedes Mal, wenn ich anfange davon zu sprechen, wird mein lieber Justus sauer und das Ganze artet in einen Streit aus, der sich gewaschen hat. Dabei ist es doch immer so schön, wenn wir uns treffen; ich verstehe nicht, warum er zögert. Ich beschließe, die nächsten Tage auch ein bisschen für mich zu nutzen, um darüber nachzudenken, wie ich überhaupt in Beziehung mit ihm leben will.

Gerade öffne ich mein Manuskript und … schwupps sind meine Finger als Nächstes schon dabei, sich in mein Postfach einzuloggen, ohne dass ich das irgendwie steuern kann! In meinem Gehirn muss es bereits einen Automatismus für diese Einlogg-Funktion geben, der sich bei mir über die Jahre hinweg am Computer – von mir vollkommen unbemerkt – entwickelt hat; das ist ja beängstigend. Überhaupt ist der Sog, mal eben schnell nachzusehen, ob jemand geschrieben hat, echt gewaltig. Ich kann mich kaum zurückhalten. Doch ich reiße mich am Riemen, das wäre ja gelacht.

Ein bisschen fühle ich mich an meinen Fernsehentzug erinnert. Die Gier nach Berieselung fühlte sich ähnlich an, allerdings ist jetzt mein Drang, im Netz einzutauchen, ungleich stärker.

Nun aber ran an die Tasten, die Arbeit wartet. Ich beginne zu schreiben und tauche in die Welt meines Buches ein. Zwischendurch kämpfe ich immer wieder gegen meinen Schweinehund, der sich nun, wie es scheint, von Schokolade und Glutamat bestäubten Chips verabschiedet hat, um im Gegenzug eine starke Affinität zum World Wide Web zu entwickeln. Um den Kleinen abzulenken, packe ich nach zwei Stunden intensiver Schreiberei meinen Einkaufskorb und gehe mit ihm in unseren Bioladen. Nur noch ein paar Tage, dann öffnet wieder der Discounter in meiner Straße, doch mittlerweile sind mein Schweinehund und ich so vertraut mit dem Sortiment in dem kleinen Geschäft, dass Sojagranulat und Räuchertofu nicht mehr zu den großen Unbekannten auf unserem täglichen Standardspeiseplan zählen, sondern im Gegenteil, ihn wahrlich bereichern. Überhaupt haben wir beide uns ganz gut in unsere biologisch einwandfreie Ernährung »eingegrooved«, wenn auch mit einigen politisch nicht ganz einwandfreien Abstrichen. Die Mischung macht es eben – ab und zu ein bisschen sündigen in der einen oder anderen Form, das gehört zum Leben einfach dazu.

Zurück von meinem kleinen Ausflug packe ich gerade meine Einkäufe in den Kühlschrank, als ich plötzlich den unverwechselbaren Ton eines Skype-Anrufs vernehme. Laut und deutlich dringt das Signal aus meinem Arbeitszimmer zu mir in die Küche herüber, dabei habe ich doch noch den Laptop heruntergefahren, bevor ich das Haus verließ, da bin ich mir ganz sicher! Ruft Justus an? Hab ich doch vergessen, den Computer auszuschalten? Hat er Sehnsucht nach mir?

Mit freudig pochendem Herzen sprinte ich zum Schreibtisch. Doch der Bildschirm ist dunkel und kein einziges grün blinkendes Licht zeigt an, dass die Maschine am Leben ist. Demnach ist auch das Signal, das ich eben vernommen habe, reine Einbildung gewesen. Ich muss binnen kürzester Zeit eine neuartige Form von Tinnitus entwickelt haben – vermutlich einen sogenannten »Skype-Tinnitus«! Und obwohl mir beim Anblick des ausgeschalteten Computers natürlich klar ist, dass dieser Ton eben nur in meinem Kopf und keineswegs in der Realität entstanden ist, höre ich ihn immer noch ganz leise in meinem Gehörgang nachklingen – verrückt!

Die beiden folgenden Tage stehen ganz im Zeichen von massiven Gefühlsschwankungen. Mal tippe ich mich locker flockig durch die Stunden und schreibe wie eine Weltmeisterin an meinem Buch, ohne auch nur einen einzigen Gedanken an die virtuelle Welt da draußen zu verschwenden, und dann packt mich wieder der Sog und ich platze fast vor Neugierde, wer mir vielleicht während meiner Netz-Abwesenheit geschrieben hat.

Mir fehlt der Austausch mit meinen Freunden im Chat – sei es auf Facebook oder Skype – und natürlich fehlt mir Justus! Außerdem habe ich mir im Laufe des vergangenen Jahres angewöhnt, alles Mögliche auf der Pinnwand meiner Facebookseite zu »posten«, um mich dann jedes Mal wie ein Schnitzel zu freuen, wenn einer meiner virtuellen »Freunde« die Filmchen oder einen tiefsinnigen Spruch mit einem »Gefällt-Mir-Zeichen« versehen hat. Je höher die Anzahl der »Gefällt-Mir-Klicker«, desto beliebter ist man, eh klar! Und wenn ich nun ganz genau in mich hineinspüre, jetzt, wo mir diese »Beliebtheitsskala« eine Zeit lang verwehrt ist, dann erkenne ich, dass auch ich nicht davor gefeit bin, auf diese schräge, unpersönliche Art gemocht zu werden.

Ich befinde mich also schon längst in den Klauen einer Welt, die auf Pseudokontakt aufgebaut ist. Ich habe weit über hundert Facebookfreunde, von denen ich nur einen Bruchteil zu meinen echten Freunden und Freundinnen zähle, die ich auch in der realen Welt treffe. Und ich führe eine Beziehung mit einem Mann, den ich nur zwei, drei Mal im Jahr in den Arm nehmen kann und der mir in der restlichen Zeit von einem flachen Bildschirm aus in die Augen sieht.

Das Thema Justus liegt mir im Grunde schon lange im Magen, und nun, da wir uns nicht einmal mehr über Skype sehen, merke ich bereits nach kürzester Zeit, wie wenig Substanz so eine »zweidimensionale Beziehung« hat. Wir tauchen nach jedem Gespräch wieder in unsere jeweiligen Leben ein, ohne dass der andere daran teilhaben kann. Wir können nicht spontan miteinander essen gehen oder eng aneinandergekuschelt einen ganzen verregneten Sonntag lang auf dem Sofa liegen und fernsehen. Genau genommen führe ich eine Beziehung mit meinem Laptop, einem flachen, elektronischen Gerät, auf dem per Knopfdruck sein Gesicht erscheint. Der Justus aus Fleisch und Blut ist in meinem Alltagsleben kaum präsent.

Wer hätte gedacht, dass mich mein kleiner Internetentzug auf solch existenzielle Fragen zurückwerfen wird? Was bedeutet Kontakt? Was ist Freundschaft? Wie kann ich Liebe leben? Ich muss Justus unbedingt eine E-Mail schreiben und ihn davon in Kenntnis setzen, was da gerade in meinem Herzen durch diesen Verzicht ausgelöst wird. Aber noch ist die Zeit der Kontaktsperre nicht um und so gärt es weiter in mir, sodass ich mich in den Nächten schlaflos in meinem Bett von einer Seite zur anderen wälze.

Am Tag fünf der internetfreien Woche ruft meine Freundin Semia an: »Sag mal, wo steckst du denn? Ich habe dir ein paar neue Layoutentwürfe fürs Buch geschickt und ständig erhalte ich bloß deine blöde Abwesenheitsmail, dabei weiß ich doch, dass du zu Hause bist!« Semia betreut als freie Grafikerin meine Bücher und über die Jahre ist aus einer guten Zusammenarbeit auch eine schöne Freundschaft entstanden.

O. k., ich finde, die Zeit ist gekommen, um eine kleine Ausnahme von der Regel zu machen, schließlich geht es jetzt um meine berufliche Zukunft – mein Buch soll schön aussehen, um schon allein dadurch viele Menschen zum Kauf anzuregen! Endlich habe ich einen triftigen Grund gefunden, mich in mein Postfach einzuloggen. Ich spüre, wie sich eine heftige Erregung meiner bemächtigt – der Sog hat wieder von mir Besitz ergriffen. Freudig und mit einem Gefühl der tiefen Erleichterung, das mich fast schon ein bisschen irritiert, klicke ich auf meine eingegangenen Mails. Einunddreißig Neuzugänge, wow! Die Hälfte davon ist allerdings Werbung, genau wie im richtigen Leben auch.

Ich finde Semias Mail auf Anhieb. Eigentlich sollte ich es beim Öffnen dieser einen Nachricht auch belassen, schließlich befinde ich mich noch inmitten des Experiments. Doch da sticht mir Justus' Adresse fett gedruckt ins Auge und nun gibt es kein Halten mehr. Warum hat er mir geschrieben, das ist doch sonst nicht seine Art; er hält sich sehr genau an Abmachungen. Mir schwant nichts Gutes!

»Liebe Susanne, die Tage des Rückzugs haben mich zur Besinnung kommen lassen und ich stelle mit jedem Tag, der vergeht, die Form unserer Beziehung mehr in Frage. Ich möchte die Gelegenheit ergreifen und mich über unsere verabredete Zeit hinaus zurückziehen, um intensiver darüber nachzudenken, ob eine Trennung nicht das Beste für uns beide wäre!«, lese ich da und bin froh, dass ich bereits sitze, denn sonst wäre ich glatt hinterrücks aus den Latschen gekippt.

Autsch, wie weh das tut! Und obwohl ich doch tatsächlich mitunter die gleichen Gedanken hege wie er, treffen mich seine Worte wie Messerstiche mitten ins Herz. Am liebsten würde ich nun sofort anrufen oder wenigstens zurückmailen, doch mein Versprechen, mich aus dem Netz fernzuhalten, hindert mich daran; ich will jetzt auf keinen Fall mein Gesicht verlieren.

Schluchzend greife ich also zum guten, alten Telefon, um mich bei meiner Freundin Dagmar auszuheulen, die übrigens nicht nur weiterhin brav ihre Wäsche mit indischen Waschnüssen bzw. mit ihrem neuen Waschball wäscht, sondern auch in diesen modernen Zeiten weder über ein Handy geschweige denn über einen eigenen Internetzugang verfügt. Zwar bedienen sich ihr Mann und ihre Söhne fleißig des World Wide Webs, sie selbst aber ist von einem eigenen Mailaccount so weit entfernt wie die Erde von der Milchstraße. Bei den seltenen Gelegenheiten, an denen wir beide Skype nutzen, um miteinander zu sprechen – immer dann, wenn ich auf Reisen bin und ihr Ehemann sich bereit erklärt, für sie den Computer hochzufahren –, brüllt sie dermaßen auf den Bildschirm ein, dass mir Hören und Sehen vergeht. Sie glaubt, dass ich sie besser verstehen kann, wenn sie laut und deutlich spricht und ihr Gesicht zudem ganz nah in die Kamera hält, sodass ich manchmal die Ehre habe, tief in ihre Nasenlöcher blicken zu dürfen. Ähnlich wie meine dreiundneunzigjährige Oma, die auch davon überzeugt ist, dass es besser ist, in den Telefonhörer zu schreien, wenn die Enkeltochter aus München anruft, schließlich liegt die Stadt kilometerweit von ihrem Heimatort entfernt.

Das Schöne an Dagmar ist, dass sie durch ihre Mobilfunk- und Internetabstinenz so wunderbar bodenständig mitten im normalen Leben steht. Nicht einmal der Fernseher wird regelmäßig von ihr eingeschaltet; sie sieht nur zusammen mit ihrer Familie fern, und auch nur dann, wenn ein guter Film auf dem Programm steht.

Dagmar kennt diese Sucht, immer mit allem und jedem virtuell verbunden sein zu müssen, überhaupt nicht. Für sie ist menschlicher Kontakt immer noch herrlich altmodisch und so befiehlt sie mir jetzt geradezu streng, sofort meine sieben Sachen zu packen und zu ihr nach Hause zu kommen, damit sie mich ein bisschen umsorgen kann. Den Laptop soll ich gleich gar nicht mitbringen, so komme ich nicht in Versuchung, meint sie. Auf meine Argumente in Bezug auf meine Arbeit, die erledigt werden muss, geht sie erst gar nicht ein. Alles nur Ausreden, die paar Tage kann das Buch auch mal auf Eis liegen, meint sie resolut. Nun denn, es sind eh nur noch drei Tage bis zum Ende des Experiments und wann genau – und mit welchem Ergebnis! – sich Justus wieder melden wird, das steht ohnehin in den Sternen.

Und so verbringe ich die letzten Stunden meines Selbstversuchs auf der knallroten Couch meiner besten Freundin, immer wieder neidisch auf ihre Jungs starrend, die sich ungeniert im Wohnzimmer mit ihren Computern vergnügen. Doch Dagmar wacht mit Argusaugen über mich und mein Herz und so darf ich nicht einmal in die Nähe eines der Geräte kommen. Sie hat mich fest in eine Decke gewickelt, sodass ich mich kaum bewegen kann, und versorgt mich in periodischen Abständen mit Kaffee und allerlei Leckereien.

Stundenlang analysieren wir meine Beziehung zu Justus, regen uns auf, lachen uns kaputt und verdrücken mitunter zusammen ein paar Tränen – alles Dinge, die Freundinnen eben so zusammen machen, wenn es der einen nicht gut geht. Hin und wieder fordert Emma, die Familienhündin, ihr Recht und wir brechen zu langen Spaziergängen auf, die uns über Felder und Wiesen führen, auf denen uns der Wind um die Nase weht, sodass wir kaum noch miteinander sprechen können ... und so schweigen wir eben, während wir nebeneinander durch den Dreck stapfen.

Abends drängelt sich die gesamte Familie dann auf dem viel zu kleinen roten Sofa vor dem Fernseher und ich sitze in ihrer Mitte. Wir knabbern Chips und essen Pizza mit den Händen. Wir albern herum und ärgern ein bisschen die arme Emma, die uns vollkommen ergeben zu Füßen liegt und uns aus wachen, dunklen Augen anschmachtet, in der Hoffnung, dass auch für sie ein Stück vom Festmahl abfällt.

Am Ende meines Besuchs ist klar, dass ich mich von Justus trennen werde. Die vergangenen Tage bei Dagmar und ihrer chaotischen Familie haben mir einen kleinen Einblick gewährt, was miteinander zu leben wirklich heißt. Es bedeutet Verbundenheit und Streit, genervt sein und sich wieder versöhnen, Chaos und Frieden. Das Leben in lebendiger Beziehung ist niemals zweidimensional, sondern prall und bunt und mit Ecken und Kanten, an denen man sich zuweilen auch gewaltig stoßen kann.

Nach meiner Rückkehr von Dagmar setze ich mich erst einmal still an meinen Schreibtisch. Ich betrachte den zusammengeklappten Laptop und streiche mit den Fingern über seinen Deckel. Dann fahre ich den Laptop hoch und betrachte die vielen Symbole, die eines nach dem anderen aufblinken, um zu signalisieren, dass er nun bereit für mich ist. Seit ich mit Justus zusammen bin, ziert sein lächelndes Gesicht mit den strahlend blauen Augen unter einem wirren, grauen Haarschopf meinen Bildschirm. Vielleicht sollte ich als ersten Akt der Trennung das Hintergrundfoto des Bildschirms auswechseln. Doch allein schon bei dem Gedanken daran blutet mir das Herz – und dabei weiß Justus noch nicht einmal von meinem schwerwiegenden Entschluss.

Mein Posteingang quillt fast über von Nachrichten – schon nach drei Tagen Abstinenz stapeln sich mal wieder Werbung und die Newsletter wildfremder Menschen, die mich von ihren neusten Ideen überzeugen oder mir irgendetwas verkaufen möchten. Mit zitternden Fingern tippe ich ein paar Zeilen an Justus mit der Bitte, sich doch über Skype zu melden, wenn er sein Schweigen mir gegenüber beendet hat. Diese kleine, aber schwerwiegende Nachricht verschwindet wie all ihre Vorgängerinnen auch in den Weiten des Cyberspace und dann heißt es für mich nur noch warten, warten, warten!

Es werden einige Tage vergehen, bis Justus endlich bei mir anruft. Tage, an denen ich wieder in meine alte Sucht zurückfalle und mich permanent vom Posteingang über Facebook und Skype wieder zurück zum Posteingang klicke. Wie paralysiert werde ich auf ein Lebenszeichen aus England warten und trotzdem tief in mir drinnen immer mehr die Gewissheit erlangen, dass eine Trennung bei diesen ungünstigen Voraussetzungen tatsächlich das Beste für uns beide ist. Wer weiß, vielleicht steht ja auch schon ein realer, »dreidimensionaler« Mann gleich um die Ecke in den Startlöchern, um mich zu erobern.

Justus und ich haben übrigens nach einem Zeitraum von ein paar Monaten wieder sporadischen Kontakt über E-Mail aufgenommen, aber wir teilen unsere Leben nicht mehr in dieser Welt der Datenübertragungen ohne Konturen, Ecken und Tiefen. Da das geschriebene Wort oft sehr missverständlich beim anderen ankommen kann, geraten wir leider auch immer wieder in unsere alten Fallstricke und Projektionen, die auch unsere Beziehung immer wieder auf die Probe gestellt haben; wirklicher Austausch findet nun mal nicht im Netz statt, das mussten und müssen wir beide immer wieder mit einem bitteren Gefühl feststellen.

Ich verfolge weiterhin auf seiner Website, in welcher Arbeit er grade steckt und bewundere die Fotos seiner neuesten Kunstobjekte. Ich nehme an, dass er es mit meiner Website genauso hält. Ich werde jedenfalls nach wie vor regelmäßig aus Nordengland angeklickt – das kann man auf einer Statistikseite im Netz herausfinden – und freue mich über die Vorstellung, dass er dann vielleicht gerade bei einer Tasse Tee in seinem Atelier sitzt und mit dem Pfeil seiner Maus über meine Website huscht, um mich virtuell zu besuchen.

Susanne schweigt

Im kalifornischen Meditationszentrum ganz entspannt im Hier und Jetzt

Bereits im buddhistischen Kloster Plumvillage hatte ich ja erste interessante Erfahrungen in Sachen Achtsamkeit und innerer Einkehr gesammelt. Nun will ich herausfinden, ob es auch eine Form von einfachem und unkompliziertem Leben in meinem Innersten gibt, und zwar unabhängig von einer äußeren Schlichtheit wie die durch ein Almleben, den Fernsehentzug oder das Entrümpeln der eigenen vier Wände. Außerdem schwingt in mir immer noch – ganz tief verborgen und mittlerweile schon wieder durch viele neue Ereignisse überlagert – meine Erfahrung mit der Stille im Zusammenhang mit »meinem Berg« im Mai auf der Hütte nach. Damals hatte ich mir geschworen, in dieser Richtung weiterzuforschen und nun möchte ich endlich die Gelegenheit dazu nutzen.

In einer buddhistischen Fachzeitschrift habe ich außerdem erst kürzlich gelesen, dass es eine Form des »einfachen«, aber durchaus tiefen, freundlichen und zwischenmenschlichen Kontakts geben soll, den wir Menschen in einer Zeit, in der alles und jeder nur noch rast und hetzt, schlichtweg verlernt haben. Erst wenn wir wieder in einen ehrlichen Kontakt mit uns selbst gekommen sind, sei auch ein wirklicher Kontakt, der gekennzeichnet ist von lebendiger Anteilnahme und Mitgefühl zur Außenwelt und zu den Menschen, die uns umgeben, überhaupt möglich. Dazu ist es demnach zwingend notwendig, sich eine Zeit lang schweigend in die Schlichtheit des eigenen Daseins zu begeben, um sich ungestört in die eigenen Tiefen seiner Selbst zurückziehen zu können.

Wow, klingt ganz schön kompliziert das Ganze – so richtig begriffen hab ich das ehrlich gesagt auch noch nicht. Was soll denn einen »einfachen Kontakt« bitte ausmachen und was sind seine Merkmale? Ich bin ein bisschen skeptisch, was das betrifft, aber einen Versuch ist es sicherlich wert. Und dass es mithilfe dieser Schweigemethode vielleicht doch auch eine reelle Chance geben könnte, sich quasi von innen heraus zu entrümpeln, davon hat mich dann endgültig der bunt bedruckte Flyer jenes kalifornischen Meditationszentrums überzeugt, der eines Tages, kurz nachdem ich besagten Artikel gelesen hatte, unaufgefordert in meinem Briefkasten gelandet ist.

Und so kommt es, dass ich Ende Januar für einige Wochen vollkommen auf mich allein gestellt über den Großen Teich nach Amerika ziehe, genauer gesagt nach Spirit Rock unweit von San Francisco. Dort habe ich mich für einen vierwöchigen Meditationskurs angemeldet, der für alle Teilnehmer im kompletten Schweigen ablaufen wird.

Als ich nach einem mehr als zehnstündigen Flug in San Francisco lande, hat sich längst die Nacht über dieser hippen Stadt, die ich durch meine Lieblingsserie aus den späten Siebzigern zu kennen glaube wie meine eigene Westentasche, ausgebreitet, sodass ich überall nur blinkende Lichter von meinem Taxifenster aus sehen kann. Das mit der Westentasche ist übrigens eine fatale Fehleinschätzung, wie sich nur zwei Tage später herausstellen wird, denn das regelmäßige Einschalten der »Straßen von San Francisco« befähigt eine Newcomerin im amerikanischen Straßenverkehr mitnichten dazu, unbeschadet durch eine Gegend zu kutschieren, deren Straßen mitunter so steil sind wie die felsigen Berghänge hinter der Almhütte meiner Schwester.

Ich bin jedenfalls heilfroh, als ich mit meinem dicken Schlitten – in den USA gibt es keine kleinen Autos! – unbeschadet die Golden Gate Bridge erreiche. Gleich hinter diesem imposanten Bauwerk zweigt der Highway links Richtung Spirit Rock ab, das nach einer wunderschönen Fahrt entlang der Küste am frühen Nachmittag dann im hügeligen Hinterland von Marin County vor mir auftaucht. Ich bin angekommen, »I have arrived«, das kommt mir doch irgendwie bekannt vor!

Knapp hundert Leute aus allen Teilen der Welt haben sich für diesen mehrwöchigen Schweigekurs angemeldet und füllen nun schnatternd und lachend am Tag der Anreise den Speisesaal der Anlage. Kurz nach dem Abendessen werden wir endlich alle ins Schweigen gehen – vielleicht ist deswegen der Geräuschpegel im Moment so hoch, um noch ein letztes Mal so richtig schön aus dem Vollen zu quatschen. Ich muss gestehen, ich bin sehr sehr aufgeregt, weil ich überhaupt nicht weiß, was mich in den kommenden Wochen erwarten wird, und so stochere ich ziemlich lustlos in meinem Teller mit Pasta herum.

Zudem bin ich der englischen Sprache zwar einigermaßen mächtig, trotzdem plagen mich Zweifel, ob ich den Meditationsanweisungen und den vielen Vorträgen, die allabendlich von den Lehrern in der großen Meditationshalle angeboten werden, folgen kann. Die Meditationstechnik, die in den nächsten Wochen gelehrt wird, heißt Vipassana und bedeutet übersetzt so viel wie »Einsicht in die Natur der Dinge« oder schlicht »Die Wirklichkeit so sehen (und lassen!), wie sie ist«.

Vier Wochen lang werden wir diese spezielle Form der Mediation gemeinsam praktizieren und vertiefen, ohne miteinander zu sprechen oder uns darüber auszutauschen. Wir werden schauen, wie unser Atem kommt und geht, und wir werden unsere Gedanken und Gefühle, die in uns hochsteigen, beobachten, ohne sie jedoch zu analysieren. In den Phasen der Gehmeditation wird der Fokus unserer Aufmerksamkeit auf den Körper gerichtet sein, genauer auf das Fühlen der Füße bzw. der Fußsohlen beim Gehen auf dem Boden, und beim Essen im Speisesaal wiederum achten wir auf Konsistenz und Geschmack der verschiedenen Speisen. Ein volles Programm also!

Doch zunächst einmal schleppe ich mit vielen anderen Gleichgesinnten meinen schweren Koffer den Berg hinauf zu dem Schlafhaus, in dem sich mein Zimmer befinden soll. Spirit Rock liegt in einem hügeligen Gelände und ist von der Straße aus, die zum berühmten Highway No. 1 führt, auf dem ich hierherkommen bin, nicht einsehbar. Eine imposante und sehr moderne Meditationshalle, die mit ihrem flach geschwungenen Holzdach ein bisschen aussieht wie ein japanischer Tempel, beherrscht das Bild. Direkt daneben stehen vier hölzerne, eingeschossige Schlafhäuser, die insgesamt über hundert Menschen beherbergen können. Jedes der Häuser trägt einen Namen, der in der buddhistischen Philosophie eine wichtige Tugend verkörpert und der auf einem hölzernen Schild direkt am Eingang prangt. Ich beziehe mein Einzelzimmer im Haus Mudita, was so viel wie Mitfreude bedeutet. Die drei anderen Häuser heißen, direkt aus dem Sanskrit übersetzt, Mitgefühl, liebende Güte und Gelassenheit.

Beim Übertreten der Schwelle meines Zimmers fühle ich mich sofort an ein Kloster erinnert, denn der Raum ist schlicht und sehr karg eingerichtet. Ein schmales Bett steht direkt unter dem Fenster, das den Blick zur großen Halle freigibt. Ein kleiner Schreibtisch, ein Stuhl und ein winziges Handwaschbecken, das sich in einer vom restlichen Zimmer abgetrennten Nische befindet, vervollständigen das Bild. Einen Kleiderschrank suche ich vergebens, finde jedoch drei Regalbretter neben der Waschgelegenheit, die leidlich Platz für meine Habseligkeiten bieten.

Gerade habe ich alles verstaut und mich einigermaßen häuslich eingerichtet, als ein tiefer, melodischer Gong ertönt. Nun wird es ernst, denn dies ist das offizielle Zeichen für uns alle, dass wir uns nun in der Mediationshalle einfinden sollen, so steht es jedenfalls auf dem Merkblatt mit dem Tagesablauf an der Türinnenseite. Ach du meine Güte, das kann ja heiter werden! Dem Infoblatt nach wechseln sich den ganzen Tag über Sitz- und Gehmeditationsperioden ab, lediglich unterbrochen von den drei Mahlzeiten. Doch bevor ich in eine Art Schockstarre falle – mir wird tatsächlich ein bisschen mulmig bei dem Gedanken an so viel Stillsitzen (sieben Stunden insgesamt am Tag!) – schnappe ich mir mein zusammenklappbares Mediationsbänkchen, auf dem ich auch zu Hause jeden Morgen eine halbe Stunde meditiere, und laufe mutig durch den strömenden Regen, der mittlerweile sintflutartig vom grauen Himmel fällt, schnell hinüber zur Halle.

Achtundneunzig Menschen haben sich für diesen Kurs angemeldet, manche von ihnen werden nicht nur vier, sondern sogar gleich acht Wochen am Stück schweigen und meditieren – ich bin beeindruckt. Es dauert eine Weile, bis alle ihren endgültigen Sitzplatz in der nur schwach beleuchteten Halle gefunden haben. Ich habe mir einen Platz direkt an einem der großen Panorama-Schiebefenster, an das von außen der Regen in Böen klatscht, ergattert: Hier werde ich die nächsten Wochen also täglich insgesamt sieben Stunden meditieren – oder es wenigstens versuchen. Mir schlägt vor Aufregung das Herz bis zum Hals hinauf, und für eine kurze Sekunde schießt mir der Gedanke durch den Kopf, ob ich nicht total bescheuert bin, weil ich mich gerade im Begriff befinde, mich auf etwas ziemlich Verrücktes einzulassen.

Um wie viel schöner und spannender wäre jetzt wohl eine Reise auf dem Highway No. 1, der sich bis hinauf nach Alaska schlängelt? Vielleicht sogar, wenn das Wetter mitspielen würde, mit offenem Verdeck und cooler Musik im Radio, entlang der nordkalifornischen Küste, die ja nur einen Katzensprung von hier aus entfernt ist. Doch da betreten auch schon die sechs Lehrer, die uns durch die kommende Zeit begleiten werden, die Halle, um im langsamen Gänsemarsch nach vorn zum Altar zu gehen, der von zwei großen, wunderschönen Buddhafiguren, einer Bodenvase mit frischen Blumen und von flackernden Kerzen flankiert ist. Vor diesem Arrangement befindet sich ein erhöhtes hölzernes Podest, auf dem sich die sechs – vier Frauen und zwei Männer – nach einer tiefen Verbeugung vor den beiden Buddhas schweigend niederlassen und freundlich in die Runde lächeln.

Der Tagesablauf in einem Meditationszentrum wie diesem, mit dem Fokus auf die traditionelle Vipassana-Meditation, läuft in der Regel immer gleich ab: den ganzen Tag über wird, beginnend mit dem Weckgong um fünf Uhr morgens, schweigend meditiert, dabei wechseln sich im Fünfundvierzig-Minuten-Takt die Sitz- und Gehmeditationen ab. Eingebettet in diesen gleichförmigen Ablauf sind Frühstück, Mittag- und Abendessen. Jeden Abend findet zudem in der Meditationshalle ein Vortrag von einem der Lehrer statt – schlicht »Talk« genannt. Und danach heißt es dann noch ein letztes Mal tapfer die schmerzenden Knie in Meditationsposition biegen, bevor es um einundzwanzig Uhr fünfundvierzig zur ersehnten Bettgehzeit gongt.

In den ersten Tagen bin ich vollkommen damit beschäftigt, mich an das frühe Aufstehen und das viele Sitzen in

205

unbeweglicher Haltung zu gewöhnen. Ich merke nicht einmal, dass ich im Schweigen bin, so viele Gedanken schießen ununterbrochen durch meinen Kopf. Mein ganzer Körper, vor allem der Rücken, meine Schulter und die Knie, schmerzt von dem ungewohnten langen Stillsitzen, und das langsame Gehen während der Gehmeditationsphasen wird mir auch recht schnell langweilig; ständig schweift meine Aufmerksamkeit ab. Zudem regnet es tagelang wie aus Eimern und ich habe nicht genügend wasserdichte Kleidung mitgebracht. Wer denkt bei Kalifornien auch schon an Dauerregen? Ich jedenfalls habe ausschließlich Sommerkleidung und offene Sandalen zu Hause in Deutschland in meinen Koffer gepackt – Ende Januar, Anfang Februar und zudem fast der gleiche Breitengrad, wohlgemerkt! – und musste mich kurz vor meinem Einzug ins Zentrum noch in den umliegenden Läden mit geeigneten warmen Klamotten und einem Satz Gummistiefel eindecken.

Die meisten meiner Mitmeditierer sind da bei Weitem besser ausgestattet und laufen herum wie bunte Ganzkörperkondome in ihren regenfesten und für mich als eingefleischte Europäerin durch und durch typisch amerikanischen Outdoor-Outfits. Zudem bewaffnen sie sich für die Gehphasen bei Wind und Wetter mit großen Regenschirmen, die Spirit Rock in rauen Mengen zur Verfügung stellt, und trotzen so den weit geöffneten himmlischen Schleusen. Manche von ihnen werde ich erst später, wenn sich die Sonne endlich wieder anschickt, nach vielen Regentagen ihren Schmollwinkel zu verlassen, als meine direkten Sitznachbarn in der großen Halle wiedererkennen. Doch im Moment sehen die alle aus, als kämen sie direkt vom Mars oder sonst einer eigenartigen Galaxie – voll-

kommen unförmig und in zahlreiche Lagen von atmungs-
aktivem Plastik eingewickelt.

Es gibt zwar auch eine kleine Gehmeditationshalle,
aber die platzt bei schlechtem Wetter und mit so vielen
Menschen regelrecht aus allen Nähten, sodass ich mich
nach nur einer Runde im erstickenden Gemenge wieder
todesmutig ins Freie stürze.

Zu allem Überdruss fühle ich mich mit meinen Toten-
kopfgummistiefeln samt Cowboystiefelabsätzen etwas
fehl am Platze. Es gab leider keine Auswahl an verschiedenen Mustern mehr in dem Laden in Fairfax, dem Nach-
barort von Spirit Rock. Ich musste also nehmen, was ich
bekommen konnte – alles ausverkauft bei dem Sauwetter.
Da zu unserem Schweigegelübde auch das »Verbot« gehört, zu den anderen Meditierenden Augenkontakt aufzunehmen – oder sie gar zu berühren! –, hoffe ich, dass ich
mit meinen Stiefeln relativ unbemerkt durch die nächste Zeit kommen werde. (Leider vergebens, denn als nach
vier Wochen das Schweigen gebrochen wird, stürmt gleich
eine Handvoll begeisterter Fashionfreaks auf mich zu, um
mich zu löchern, woher ich diese tollen Gummistiefel
habe. Und ich werde mich für einen kurzen Augenblick
allen Ernstes fragen, ob die Guten, anstatt sich auf ihren
Atem zu konzentrieren, einen Monat lang meine Toten-
kopfstiefel als Meditationsobjekt benutzt haben.)

Da Dauerregen und feuchte Kälte während der folgenden Wochen leider recht selten der berühmten kalifornischen Sonne Platz machen, bekomme ich übrigens schön
langsam das Gefühl, mit meinen Stiefeln eins zu werden.
Ich habe mal gehört, dass dieses »Eins-Werden« mit den
Dingen in der spirituellen Welt einen hohen Stellenwert
hat. Ob damit allerdings simple Gummistiefel gemeint

sind, wage ich zu bezweifeln. Doch da ja keinerlei Nachrichten von außen in unser Schweigen dringen, bleiben wir alle auch vom Wetterbericht verschont und leben tagein, tagaus mit unseren nie trocken werdenden Regenklamotten und mit der im wahrsten Sinne des Wortes »stillen Hoffnung« auf ein Einsehen des Himmels.

Im Außen sind die Bedingungen für mein Einfachheits-Experiment hier in Spirit Rock geradezu ideal, allen voran mein karges Zimmer, das dem Auge keinerlei Ablenkung bietet, unterstützt die Konzentration nach innen. Genau wie die Natur draußen vor meinem Fenster, denn jetzt im Februar sind die sanften, grünen Hügel um das Zentrum herum noch ohne verschwenderische Blütenpracht, von der meine amerikanischen Mitstreiter am Anreisetag im Speisesaal so geschwärmt haben. Lediglich die üppigen, immergrünen Rosmarinsträucher, die den Sockel der Mediationshalle wie einen grünen Wall umgeben, zeigen erste zart violette Blümchen, an denen sich, allerdings nur, wenn ein paar wenige Sonnenstrahlen die dichte Wolkendecke durchstoßen, einige buntschillernde Kolibris mit ihren langen Schnäbeln gütlich tun.

Wenn ich ehrlich bin, konnte ich mich nicht wirklich beherrschen, und so habe ich ein paar kleine Deko-Elemente mit eingeschmuggelt, um mir mein Heim auf Zeit ein bisschen gemütlicher zu gestalten. Ein paar bunte Schals und Tücher schlinge ich um die Leselampe am Boden neben meinem Bett – denn einen Nachttisch gibt es hier nicht –, um sanfteres Licht zu erzeugen. Und ein kleines, gerahmtes Aquarellbild, das ich noch kurz vor meinem Einchecken in Spirit Rock einer Künstlerin abgekauft habe, hänge ich an einen verwaisten Nagel direkt vis à vis von meiner simplen Schlafstätte. Es zeigt das Meer, das

208

mir plötzlich so weit weg und unerreichbar erscheint, dabei brandet es hier hinter ein paar sanften, weichen Hügeln weiterhin an die raue Küste von Point Reyes. Ich fühle mich allerdings tausend Meilen davon entfernt und sehne mich abends, beim Betrachten des kleinen Kunstwerks, jedes Mal kurz vor dem Einschlafen nach Wellen, Wind und den Schreien der großen, majestätischen Albatrosse in den Lüften.

Werden einem jegliche Reize von außen entzogen – oder stark eingeschränkt – dann bekommt plötzlich das Essen einen ganz großen Stellenwert. Diese Tatsache entdecke ich bereits nach wenigen Tagen in Spirit Rock. Die Mahlzeiten werden in einem separaten »Küchenhaus« zubereitet und eingenommen, das den großen Speisesaal und eine angrenzende, hochprofessionelle Küche beherbergt. Vier Köche sorgen im Wechsel täglich für unser leibliches Wohl.

Die Speisen sind, wie sollte es zu diesem Anlass auch anders sein, schlicht und einfach gehalten. Morgens gibt es immer einen warmen Brei, mal aus Hirse gemacht, manchmal aus Haferflocken oder Buchweizen, und zuweilen besteht das Ganze aus süßer Polenta, also aus Maisgries. Dazu werden Nüsse, Kokosflocken und gedünstetes Obst gereicht. Um ganz ehrlich zu sein: vier Wochen lang jeden Morgen Brei, das geht bei mir dann doch an die Substanz, da ich ja, wie allgemein bekannt, eher auf eine deftig belegte Schnitte zum Frühstückskaffee stehe. Und um es schon mal vorwegzunehmen: Zum Schluss werde ich das weiche, labberige Zeugs echt nicht mehr runterkriegen und auf hartgekochte Eier umsteigen, die, neben vorgeschnittenen Käsewürfeln und einigen Tüten Milch, in einem extra Kühlschrank im Speisesaal stets für uns alle bereitgestellt werden. Doch davon bin ich im Moment noch Lichtjahre oder besser Wochen entfernt, und so stürze ich mich noch mehr oder weniger begeistert jeden Morgen in Porridge und Co.

Mittag- und Abendessen bestehen dann in der Regel aus ganz viel Gemüse, Tofu und Suppe, alles rein vegetarisch natürlich. Wir sind angehalten, auf alle Suchtmittel während des Retreats zu verzichten. Dieser Verzicht beinhaltet nicht nur Alkohol – eh klar! –, sondern auch Schokolade, Schwarzen und Grünen Tee sowie Kaffee. Letzteres ist für mich echt eine Herausforderung, und vor lauter Panik, dass ich den Entzug nicht durchhalte, habe ich heimlich ein Glas Instantkaffee in meinem Koffer eingeschmuggelt. Morgens um sechs Uhr dreißig, wenn alle mit mehr oder weniger müden Gesichtern nach der ersten Meditationssitzung, die sogar eine volle Stunde anstatt der üblichen fünfundvierzig Minuten dauert, aus der Halle Richtung Küchenhaus schlurfen, laufe ich immer noch schnell wie der Wind in mein Zimmer, schnappe mir eine leere Tasse, die ich am Abend vorher bereits wohlweislich gebunkert habe, gebe ein, zwei Teelöffel meines kostbaren Pulvers hinein und reihe mich dann ganz unschuldig mitsamt Tasse wieder in die Frühstücksschlange ein. Heißes Wasser gibt es ja im Speisesaal, in großen Kannen bereitgestellt, Gott sei Dank in Hülle und Fülle.

Ansonsten versuche ich mich natürlich brav an die Regeln zu halten und entdecke schon nach kürzester Zeit, wie herrlich es ist, Gerichte zu sich zu nehmen, die nicht vollkommen überwürzt oder beispielsweise von schweren Soßen und Sahne nahezu »überdeckt« sind. Sofort fühle ich mich an meinen Zenkochkurs mit Ed Brown in Österreich erinnert. Jetzt allerdings, eingebettet in dieses strenge

210

Meditationsprogramm, sind schon nach ein paar Tagen meine Sinne etwas geschärfter und mein Geschmackssinn ist bedeutend klarer als im letzten Juni in Scheibbs. Ich genieße jeden Bissen und beginne auch ziemlich schnell, selbst feinste Geschmacksnuancen herauszuschmecken und zu unterscheiden.

Das Gemüse kommt in Spirit Rock übrigens oft gedünstet und nur leicht gesalzen daher oder wird im Backofen lediglich mit ein bisschen Olivenöl und frischen Rosmarinzweigen geröstet. Jeden Tag stehen große Schüsseln mit leichten Salaten, die von gerösteten Nüssen gekrönt sind, auf dem langen Buffet, das mitten im Raum aufgebaut ist und vor dem wir uns verbeugen müssen, bevor es ans Auffüllen der Teller geht. Aber es gibt auch Aufläufe aller Art und manchmal mexikanische Burritos, indische Currys oder afrikanische Eintöpfe. Doch selbst diesen augenscheinlich aufwendigeren Gerichten wohnt immer etwas Einfaches und Schlichtes inne, nämlich die Beschränkung auf nur einige wenige ausgesuchte Zutaten und Gewürze, die dadurch umso deutlicher zur Geltung kommen. Außerdem wird ausschließlich saisonales Gemüse verwendet und so komme ich in den seltenen Genuss von weißen und gelben »Roten« Beten und von Mangoldgemüse mit jeweils andersfarbigen, knallbunten Stielen.

Nach kürzester Zeit bemerke ich durch diese leichte, einfache Kost bereits zaghafte Veränderungen in meinem Körper, er wird irgendwie leichter – die Hosen beginnen mal wieder zu schlackern – und beweglicher, und auch mein Essverhalten verändert sich langsam. Ich habe regelrecht das Gefühl, dass mein Magen aufatmet, ja, er fühlt sich irgendwie fröhlicher und glücklicher an, wenn man das von einem Magen überhaupt so sagen kann.

Die Lehrer hier in Spirit Rock sagen übrigens, dass es zu Beginn eines solch langen Schweigekurses ganz normal ist, dass das Essen einen extrem hohen Stellenwert einnimmt. Denn Essen beruhigt und tröstet zum einen, zum anderen durchbrechen die drei regelmäßigen Mahlzeiten am Tag einen Tagesablauf, der so vollkommen konträr zum normalen Alltag ist, dass das die Psyche zuweilen ganz schön aufrütteln kann und dadurch alte Ängste ans Tageslicht hochkommen können, die man vorher so noch nie gespürt hat. Essen erdet und die Freude auf eine anständige Mahlzeit lenkt auf angenehme Weise für einen kurzen Moment von den ungewohnten Lebensumständen, in die man sich freiwillig (!) begeben hat, ab. Auch ich freue mich jeden Tag auf den Essensgong wie ein Kind auf die weihnachtliche Bescherung, und ich mache mir jedes Mal ein Spiel daraus, schon im Vorfeld zu raten, was es heute wieder Gutes geben wird.

Natürlich bin ich nicht zum Essen hier, sondern um zu erkunden, ob es quasi auch eine Vereinfachung in meinem Innersten geben kann und nicht nur in den äußeren Gegebenheiten meines Lebens. Ist es auch möglich, den Kopf zu entrümpeln oder Raum in einem Herzen zu schaffen, das oft bis zur Dachgaube hinauf angefüllt ist mit Gefühlen und Stimmungen? Die ersten Tage in der Meditationshalle, kniend auf meinem hölzernen Bänkchen, sind eher eine Folter für mich, vor allem für meinen geplagten Körper, der mit An- und Verspannungen an den unmöglichsten Stellen gegen die starre Sitzhaltung rebelliert.

Doch in meinem Kopf sieht es ehrlich gesagt auch nicht recht viel besser aus. Trotz der Anweisung des Lehrers, mich auf meine Atemzüge zu konzentrieren, schaffe ich es kaum ein einziges Mal, bewusst ein- und auszuatmen.

Ich atme ein und schon schießt mein Geist davon, um sich anderweitig nach vermeintlich Wichtigerem umzusehen.

Die eine Frau da z. B., in der Halle schräg vor mir, die es doch tatsächlich wagt, mitten in der Meditation aufzustehen, um das Schiebefenster direkt neben meinem Platz mit einem lauten Ruck zu öffnen. Wie unsensibel, denkt die vielleicht, sie ist allein im Raum? Schließlich meditiere ich gerade und bin echt total konzentriert! Außerdem bläst mir jetzt der kalte Regenwind genau in den Nacken und lässt mich unangenehm frösteln. Eine Unverschämtheit, so eine rücksichtslose, dumme Nuss! Ausatmen … Wahnsinn, ein einziger Atemzug und es ist trotzdem noch Platz für so einen blöden Abstecher wie gerade eben.

Ich bin schockiert über mich selbst, aber auch frustriert, und ich schäme mich, dass ich meine Mitstreiterin innerlich so angeblafft habe. Das kann ja heiter werden! Von vorne dringt jetzt die Stimme des Lehrers zu mir durch: »Alles ist o. k., meine Lieben! Nehmt eure Abschweifungen im Geist einfach nur wahr und kommt dann zurück zu eurem Atem.« Puh, anscheinend ist bei mir doch noch nicht Hopfen und Malz verloren, und was sich da eben in mir abgespielt hat, ist anscheinend normal. Ich richte mich erleichtert auf, straffe die Schultern und atme weiter. Doch es dauert keine zwei weiteren Atemzüge und ich bin schon wieder ganz weit weg. Dieses Mal überlege ich mir, was ich morgen anziehen könnte, falls sich vielleicht doch die Sonne anschickt, aus ihrem Schmollwinkel herauszukommen.

Und im Laufe der restlichen vierzig Minuten reise ich dann unter anderem noch nach Indien, um dort als erleuchtete Weise in einem Ashram zu wirken, werde selbst Küchenchefin – ein großer Traum von mir! – von Spirit

Rock, überlege, was es wohl heute zum Mittagessen geben wird und ärgere mich über meinen Vordermann, weil der so laut atmet, dass ich mich nicht konzentrieren kann. Ja ja, alles ist okay, meine Lieben … schon klar! Einatmen …

Niemals hätte ich gedacht, dass ich so viele verschiedene Geschichten auf Lager habe. Mein Gehirn ist ja regelrecht eine Fundgrube an Anekdoten, historischen Faktensammlungen, Zukunfts- und Tagträumen und (nur gelegentlichen) Gedankenblitzen, oder sagen wir besser Geistesblitzen, die vielleicht ganz brauchbar wären. Ich kann mangels Papier und Bleistift – ja, auch das ist »verboten« –, nichts aufschreiben.

Das meiste ist allerdings, gelinde gesagt, eh Müll. Im Grunde ist dort oben ständig jemand am Plappern und manchmal frage ich mich allen Ernstes, ob ich persönlich überhaupt etwas damit zu tun oder zumindest ein winziges Mitspracherecht habe, denn selbst wenn ich will, dass endlich mal Schicht im Schacht ist, geht das einfach munter weiter. »Hallo, hört mich denn keiner da oben?«

So wie es aussieht, habe ich meine Gehirnwindungen eindeutig nicht unter Kontrolle, und so ist dieses arme Organ vollkommen überfrachtet mit Gedanken, die sich aneinanderreihen wie die Wagons eines ewig langen und total überladenen Güterzuges. Mir schwant allmählich, dass da noch einiges an Arbeit vor mir liegt, um mein Gehirn auf ein gesundes Maß zu entschlacken.

Im Gegensatz zu mir, um deren Zuversicht, dass es eines fernen Tages stiller in meinem Kopf werden könnte, nicht allzu rosig bestellt ist, sind meine Lehrer hier in Spirit Rock fast schon unnatürlich heiter und gelassen, was meine Entwicklung in Sachen Meditation angeht: »No problem, du schaffst das schon!«, lautet das Credo dieser liebenswerten Dauerlächler.

Zweimal die Woche hat jeder Schüler die Möglichkeit, für fünf bis zehn Minuten mit einem der Lehrer zu sprechen, um ihm mitzuteilen, wo er in seiner Meditationspraxis gerade steht. Und auch ich mache natürlich Gebrauch davon. »Konzentriere dich auf deinen Atem und schau deinen Gedanken zu, wie sie aufsteigen und dann wieder verschwinden. Versuche, nicht auf den vorbeifahrenden Gedankenzug aufzuspringen, sondern beobachte einfach, was geschieht«, bekomme ich meistens während dieser kurzen Gespräche mit meiner mir zugeteilten Lehrerin Carol zu hören. Ich weiß gar nicht, was die Gute immer dermaßen erheitert, dass sie in schallendes Gelächter ausbricht, wenn ich frustriert in dem kleinen Sprechzimmer erscheine, um ihr von meinen neuesten Ergüssen aus dem Oberstübchen zu berichten. Vielleicht findet sie meine Geschichten ja einfach gut und unterhaltsam, ich bin ja schließlich in meinem normalen Leben eine waschechte Autorin, die schon allein von Berufs wegen über ein gewisses Repertoire an Erzählbarem verfügen muss.

Trotz meiner Bedenken tragen doch tatsächlich meine Bemühungen nach einiger Zeit schön langsam und zunächst fast unmerklich Früchte, natürlich auch in Ermangelung einer Alternative zum Sitzen und Gehen. Und die gute Carol kichert auch immer weniger in ihre Notizen, die sie eifrig über meine »Fortschritte« macht. Ich würde ja zu gern einmal sehen, was sie da so über mich schreibt, aber Lesen ist genau wie Schreiben selbstverständlich »verboten«! Vielleicht kritzelt sie auch nur kleine, süße Strichmännchen, wer weiß.

Wer sich einmal bewusst mit seinem Kopfkino beschäftigt hat, kann mir sicher bestätigen, dass es mit den Gedanken noch mehr auf sich hat als das reine Denken an sich. Das Ganze ist, genauer betrachtet, recht vielschichtig, denn so ein Gedanke bringt ja meist auch noch irgendein Gefühl im Schlepptau mit. Bei schönen Tagträumen ist die Sache ja noch recht angenehm, dann schwelge ich beispielsweise in Liebesgeschichten und anderen tollen Empfindungen. Denke ich allerdings an alte Verletzungen, die mein Herz verwundet haben, dann sieht die Sache schon anders aus. Plötzlich bildet sich ein Kloß im Hals und ich bin den Tränen nahe. Die Idee von Carol und den anderen Lehrern in Spirit Rock, einfach die Züge durchrauschen zu lassen, ohne aufzuspringen, ist also in sich stimmig und macht Sinn, ist aber echt schwer umzusetzen. Und so überrascht mich eines Tages mein Oberstübchen vollkommen unerwartet mit einem schier unglaublichen Geschenk.

Es ist der elfte oder zwölfte Tag in Spirit Rock. So genau weiß ich das gar nicht mehr, denn irgendwie verliere ich hier in all dem Geschweige die Übersicht über die Zeit, noch dazu, wo wir ja angehalten sind, weder zu lesen noch Tagebuch zu führen, sprich zu schreiben. Ich sitze gerade draußen auf der kleinen Bank direkt neben der großen Glocke, deren voller, tiefer Ton immer Anfang und Ende der Meditationszeiten angibt.

Doch jetzt ist alles still. Ich schwänze die Gehmeditation und habe es mir ein bisschen gemütlich gemacht. Für ein paar Minuten ist nämlich die Sonne herausgekommen. Ich halte mein Gesicht gen Himmel und spüre die ungewohnte Wärme auf meiner Haut. Hinter meinen geschlossenen Augenlidern tanzen fröhliche, rote Lichtpunkte und im Hintergrund höre ich das leise Schlurfen der achtsamen Schritte meiner fleißigen Freunde, die nicht wie ich eben mal alle Fünfe gerade sein lassen.

Mit einem Mal bemerke ich verblüfft, dass sich in meinem Kopf nichts, aber rein gar nichts befindet, absolute Leere unterhalb der Schädeldecke! Mit einem leeren Hirnkasten assoziiert man gemeinhin ja etwas nicht sehr Nettes – bin ich also jetzt von einem Moment auf den anderen etwa blitzartig verblödet? Hat sich nun die intellektuelle Ödnis in meinen Gehirnwindungen ausgebreitet? Ist all das mühsam erarbeitete Wissen über viele Jahre und Jahrzehnte hinweg womöglich verschwunden und aufgelöst wie der zarte Rauch der Räucherstäbchen in der Meditationshalle?

Um ehrlich zu sein, ich erschrecke erst einmal furchtbar, denn ich bin es nicht gewohnt, dass sich dort oben so gar nichts regt. Natürlich mag man sich nun fragen, ob diese ganzen Gefühlsregungen hier auf meiner Bank in der Sonne, die mit der Entdeckung der Gedankenabwesenheit in diesem Moment einhergehen, nicht auch schon wieder aufgrund von Gedanken entstehen, aber das ist mir jetzt zu philosophisch. Jener Gedankenstrom, der sich permanent mit Vergangenheit und Zukunft beschäftigt und sich sonst breit wie ein Fluss durch mein Gehirn wälzt, der hat sich jedenfalls gerade verabschiedet oder hat eine andere, mir unbekannte Biegung genommen – und damit einem großen, weiten Raum Platz gemacht, der mich nun erst einmal eher beängstigt als freut.

Eine Zeit lang sitze ich einfach nur da und staune über das, was sich da gerade eben in mir drinnen unverhofft aufgetan hat. Es fühlt sich äußerst seltsam an, wenn niemand dort oben, oberhalb der Augenbrauen, grübelt, sich aufregt, sorgt oder freut. Ungewohnt, aber auch frei und irgendwie erfrischend. Und trotzdem halte ich es nicht allzu lange aus. Nach wenigen Minuten beginnt der starke Drang, die Leere zu füllen, langsam in mir aufzusteigen. Ich spüre es regelrecht in all meinen Körperzellen: »Da muss doch nun endlich mal wieder was kommen!«, flüstert mir eine kleine Stimme in mein Ohr. »Wäre doch langweilig mit der Zeit, so ein Vakuum im Hirnkastl, oder?«

Mit einem Mal höre ich das Singen der Vögel in den umstehenden Bäumen viel intensiver als je zuvor und der blitzschnelle Flügelschlag der kleinen, bildschönen Kolibris, der sich wie das gewaltige Summen eines großen Insekts anhört, dröhnt regelrecht in meinen Ohren, sodass ich verblüfft aufschaue und den Himmel nach einem Hubschrauber absuche. Ich sehe sogar eine kleine Wühlmaus keine zwei Meter von mir vorwitzig ihr süßes Gesichtchen mit den langen, gelben Vorderzähnen aus dem Erdhügel strecken, um sich dann, meiner ansichtig geworden, hurtig und erschrocken wieder zurückzuziehen. Und ich rieche einen lieblichen, nicht näher benennbaren Duft, der plötzlich meine Nasenlöcher kitzelt. Eine Blume vielleicht oder die verschwenderische Blüte eines Baumes?

All diese Dinge, die Natur, den Wind, die Sonne, die Tiere und selbst die kleinsten Insekten nehme ich glasklar wahr, während ich weiterhin still auf meiner Bank sitze und es nicht wage, mich zu bewegen. Ich kann mich gar nicht sattsehen und satthören an der Welt, so reich kommt sie mir plötzlich vor.

Und dann, ohne dass ich es wirklich bewusst wahrnehme, schleicht sich mit einem Mal eine Frage aus einer wohl recht unbeleuchteten Gehirnwindung tief drinnen in meinem Kopf in mein Bewusstsein und rollt sich quasi von hinten an mich heran, um mich urplötzlich zu überfallen wie eine große Welle: »Wie habe ich das jetzt bloß angestellt? Wie habe ich es geschafft, mein Gehirn vom Gedankenmüll zu befreien, um stattdessen den ganzen Zauber des Augenblicks zu genießen?« Denkt's … und schon fährt mit großem Hallo und schnaubendem Motor der nächste Zug in den Bahnhof ein. Ich kann richtig sehen, wie er von Weitem daherrattert und laut tutet, damit ich ihn ja nicht übersehe und überhöre.

Und just in diesem Moment ertönt auch schon der Gong, der mich zur nächsten Meditationsrunde ruft, und ich bin wieder mittendrin – ja, in was eigentlich? Sehr bewegt und nachdenklich verlasse ich meine Bank und gehe durch die ersten dicken Regentropfen wieder zurück in die Halle, um während der folgenden Sitzperiode in Hochgefühlen zu schwelgen. Das war doch sicher einer dieser Erleuchtungsblitze, die einen Meditierenden wie aus heiterem Himmel überfallen können! Darüber habe ich schon mal gelesen. Mir schwillt die Brust vor Stolz; ich muss wohl ein Naturtalent in Sachen Vipassana sein!

Jetzt habe ich selbstverständlich Blut geleckt. Mich kriegt das Hier und Jetzt, mitsamt Erleuchtungseffekt, so schnell nicht mehr los, das schwöre ich mir hoch und heilig, denn genau das muss es ja wohl gewesen sein, was ich da erlebt habe. Carol wird sich sicher über meinen riesigen Fortschritt freuen. Ach, wie herrlich unspektakulär kann das Leben ohne großen Schienenverkehr sein! Selbst ein paar Züge weniger am Tag, das wäre schon toll! Mein Bahnhof muss ja nicht gleich komplett lahmgelegt werden.

Und so lege ich mich in den folgenden Tagen regelrecht auf die Lauer, damit mir dieses Wunder nicht durch die Lappen geht, sollte es sich erneut zeigen. Aber erst einmal tut sich absolut nichts. Dieser weite, angenehme Raum in mir drinnen hält seine Türen vor mir verschlossen, und fast scheint es mir, als hätte ich mich an jenem Tag auf der Bank getäuscht. Doch ich kann mich noch zu gut an das Gefühl der Ruhe und des Einfach-nur-da-Seins erinnern – und an das klare und ungefilterte Wahrnehmen der Geräusche, Bilder und Düfte um mich herum. Und so bleibt mir nichts anderes übrig, als mich tiefer in die Meditation und in das Leben hier in Spirit Rock einzulassen, denn damit hat es wohl eindeutig etwas zu tun. Davon bin ich überzeugt!

Carol reagiert übrigens eigentümlich unaufgeregt, als ich ihr von meinem Erleuchtungsblitz erzähle. Sie sagt: »Oh, how nice!« und geht dann zur Tagesordnung über, was mich natürlich ärgert. Sieht sie denn nicht, wen sie da vor sich hat? Eine angehende Meditationsmeisterin, die schon nach wenigen Tagen gecheckt hat, wie der Hase läuft. Aber das beeindruckt die gute Carol leider überhaupt nicht, denn im Vipassana hat jede Erfahrung schlichtweg den gleichen Platz und Stellenwert. Nichts wird bewertet oder auf eine höhere Stufe gestellt. Keine Erfahrung ist besser als die andere.

Ich hätte auch mit einem richtig schlimmen Horrorbericht bei meiner Lehrerin aufkreuzen können, sie hätte gelächelt und mir geraten, einfach hinzusehen, was sich da gerade abspielt. Und genau das rät sie mir auch jetzt: »Schau genau hin, was passiert, sollte sich dein weiter, innerer Raum wieder auftun. Wie fühlt er sich an? Was spürst du? Bewerte ihn nicht über und sei bereit, wenn er sich wieder zeigt – und danach schau genau hin, was du fühlst, wenn er sich wieder vor dir verschließt. That's it! Und bis es so weit ist, kümmere dich einfach weiterhin um deinen inneren Bahnhof, um deine Gefühle und Empfindungen, um deinen Atem beim Sitzen und um deine Schritte beim Gehen!«

Neben der täglichen Meditationspraxis des Sitzens und des Gehens, gibt es auch eine Zeit des Arbeitens. Jeder von uns Kursteilnehmern hat eine andere Aufgabe, um die er sich während seines Aufenthalts in Spirit Rock kümmern muss. Der eine kehrt eifrig die Wege, die andere putzt die Toiletten. Zur Auswahl stehen Jobs als Küchenhilfen und es gibt Angebote, für die Sauberkeit der Meditationshalle oder der Flure in den Schlafhäusern zu sorgen. Diese Arbeitsperioden sind keine Auszeit vom Meditieren, sondern gelten als besondere Form der Meditationspraxis. Die meisten von uns müssen schließlich zurück in den Berufsalltag, wenn sie nach mehreren Wochen in Spirit Rock wieder nach Hause fahren, und da hilft es enorm, sich den einen oder anderen Gelassenheitstrick während der Arbeitsmeditation für den Alltag daheim zu merken.

Ich selbst hatte das Vergnügen ja schon einmal im letzten Herbst im französischen Plumvillage, wo ich mich, wie hinreichend bekannt, in den einfachsten Arbeitsabläufen übte – und zuweilen fast daran verzweifelte. Hier in Kalifornien habe ich eine kleine Sonderstellung, denn ich darf als sogenannte »Workretreatant«, sprich »Arbeitsmeditierende«, den ganzen Kurs kostenlos mitmachen, dafür muss ich vier Stunden am Tag ran, im Gegensatz zu den anderen Teilnehmern, die nur eine Stunde täglich mitarbeiten.

Jedes Mediationszentrum und auch jedes buddhistische Kloster hält ein paar solcher Stellen pro Kurs bereit, damit auch Menschen mit kleinerem Geldbeutel in den Genuss eines solch langen Retreats kommen können. Man muss sich nur rechtzeitig darum bewerben. In meinem Fall heißt das nun: einfache Küchenarbeiten erledigen, wie beispielsweise Gemüse schnippseln – auch hinreichend aus Plumvillage bekannt und bereits eingehend mit allen dazugehörigen Höhen und Tiefen praktiziert! – und Vorräte auffüllen. Außerdem müssen alle verschmutzten Geschirrhandtücher und die Schürzen der Köche und Küchenhilfen täglich gewaschen werden. Und das Saubermachen der tibetischen Jurte, die hinter der Küche steht und die den Lehrern und Angestellten von Spirit Rock als Speisezelt dient, in dem sie sich auch austauschen können, denn hier gilt die Schweigeregel nicht, steht auch auf meinem Programm.

All meine Arbeiten finden natürlich im Schweigen statt und so finde ich jeden Morgen kleine, handgeschriebene Zettel von Michelle, der sogenannten »Küchenmanagerin« – hier in den Staaten gibt es scheinbar für jede Tätigkeit einen Manager – auf einer der Arbeitsflächen in der Küche, damit ich weiß, was zu tun ist. Da ich ja bereits in anderen Einrichtungen dieser Art gearbeitet habe – allerdings nicht komplett im Schweigen –, ist mir dieser Ablauf recht vertraut und ich finde mich zunächst leicht und schnell ein.

Neben meinen Habseligkeiten und der einen oder anderen Schmuggelware, wie Instantkaffee und einem dicken Buch des leider viel zu früh verstorbenen Journalisten Tiziano Terzani, in dem ich gelegentlich abends vor dem Schlafengehen blättere, habe ich auf Anraten meiner lieben Schriftstellerkollegin und Freundin Marie heimlich meinen Laptop mit ins Mediationszentrum gebracht. Schließlich schreibe ich ja aktuell an einem Buch und so kann ich meine Ideen und Erfahrungen bei Gelegenheit gleich in die Tastatur hacken, auch wenn das mit Sicherheit gar nicht gerne gesehen wird – bei all den »Verboten« bzw. »Empfehlungen«, die unsere Lehrer ausgesprochen haben.

Mein »Ganz-entspannt-im-Hier-und-Jetzt-Erlebnis« habe ich übrigens gleich in der darauffolgenden Nacht unter der Bettdecke eingetippt, damit niemand draußen vor dem Fenster den bläulichen Lichtschein des Bildschirms sehen kann. Außerdem piept und rattert so ein Ding immer wieder aus unerfindlichen Gründen, was sich in einem Haus mit dünnen Holzwänden, in dem absolutes Schweigen herrscht, unnatürlich laut bemerkbar machen kann. Da dämpft die Decke ein bisschen das Geräusch. Bloß schade, dass ich hier keinen Internetempfang habe, dann könnte ich das Kapitel gleich an meine Lektorin nach Deutschland schicken …

Meine Tätigkeiten in der Küche, in der Waschküche und in der Jurte liefern natürlich auch die eine oder andere Anekdote, die es wert ist, niedergeschrieben zu werden. Vor allem in der ersten Arbeitswoche bietet mir das Schweigen eine gute Gelegenheit, mich noch einmal intensiver mit meiner Einstellung zu »einfachen Arbeitsabläufen« auseinanderzusetzen.

Die riesigen Großküchenkanister mit den verschiedenen Ölsorten, in einem Nebenraum der Küche untergebracht, sind verdammt schwer! Jeden Morgen soll ich als Erstes die leeren Ölflaschen aus der Küche einsammeln und hier hinten neu auffüllen, damit die Köche ihr Öl immer griffbereit haben. Dazu braucht man ja Bärenkräfte – ich weiß gar nicht, wie die sich das vorstellen, da hebe ich mir sicher bald einen Bruch! In den ersten Tagen bitte ich via Handzeichen und Gesten einen meiner still vor sich hin schweigenden Mitmeditierer, der hier fürs Spülen eingeteilt ist – eine große Gastro-Spülmaschine wartet täglich hungrig und mit großer Klappe darauf, immer wieder aufs Neue bestückt zu werden –, mir beim Heben der Kanister zu helfen, damit ich die Öffnung des Trichters über den verschiedenen Flaschen überhaupt treffe.

Nun ja, Küchenarbeit ist Schwerstarbeit, das weiß ich aus eigener Erfahrung zu Genüge. Also grummle ich innerlich lediglich ein bisschen vor mich hin und übe dann so lange an meiner Auffülltechnik, bis ich den Dreh nach ein paar Tagen raus habe und ein stetig glitzernder Öl-strahl beinahe wie von selbst aus dem Kanister plätschert, den ich übrigens nun fast schon spielerisch auf meiner linken Schulter balanciere.

Ich platze schier vor Stolz ob meiner Genialität. Leider kann ich mein Patent niemandem mitteilen und so hoffe ich, dass mich, indem ich mich schön mittig im Raum platziere – dabei stehe ich jetzt mit meinem sperrigen Kanister so gut wie jedem, der an der Spüle arbeiten muss, im Weg! –, so viele wie möglich beim Auffüllen beobachten können. Ich lechze nach einem Lob, und jeden Morgen schaue ich aufgeregt auf meinen Zetteln nach, ob Michelle zu diesem Thema etwas eingefallen ist. Leider stehen da immer nur die altbekannten Anweisungen drauf und das wird bis zum letzten Tag auch so bleiben. Überhaupt verzieht Michelle keine Miene, wenn sie mir begegnet, nicht einmal ein angedeutetes Lächeln der Anerkennung umspielt ihre ernsten Gesichtszüge.

Ein paar Tage später platze ich dann fast wirklich – allerdings vor lauter Wut und nicht vor Stolz, was beides in einem Schweigeseminar echt gar nicht gut kommt. Heute steht auf meinem kleinen Zettel, dass ich mich um die Wäsche kümmern soll. Dazu muss ich die benutzten Küchentücher, Wisch- und Scheuerlappen und die Schürzen der Köche und Küchenhilfen einsammeln, um sie im Souterrain, direkt unter der Küche und dem Speisesaal, in zwei großen Waschmaschinen zu waschen. Anschließend kommt die ganze Ladung in den Trockner, um dann fein säuberlich zusammengelegt zu werden. Danach geht alles wieder zurück in den Kreislauf der Küche, um am nächsten Tag erneut gewaschen zu werden. Und zu allem Überfluss soll dieses Prozedere auch noch zweimal am Tag durchlaufen werden, weil täglich schlicht Unmengen von Schürzen und vor allem schmutzigen Küchentüchern und Lappen anfallen.

Ich weiß auch nicht, was plötzlich mit mir los ist, schließlich musste ich bereits Schlimmeres in meinem Leben erledigen, als feuchte Lappen und verklebte Schürzen in eine Waschmaschine zu stopfen, doch irgendwie habe ich die Nase plötzlich gestrichen voll. Erstens bin ich hierhergekommen, um die Einfachheit meines Innersten zu erforschen und nicht, um blöde Handtücher im muffigen Waschraum ohne Fenster, sprich ohne Tageslicht, zu blütenweißer Sauberkeit zu verhelfen. Und zweitens will ich überhaupt angemessener behandelt werden, schließlich habe ich schon mal mit Ed Brown zusammengearbeitet! Bei der Vita könnte man mir wenigstens einen adäquaten Job in der Küche am Herd geben, anstatt mich hier unten versauern zu lassen. Wissen die eigentlich, wen sie da vor sich haben?

Mit einer ausholenden Bewegung lasse ich meinen Fuß gegen die unschuldig vor sich hin ruckelnde Waschma-

schine knallen, was diese leider gar nicht juckt – nur ich
hüpfe anschließend gefühlte zehn Minuten lang einbeinig
durch die Gegend, weil mein großer Zeh vor Schmerzen
pocht und brennt wie Feuer.

Mein Groll über die ungerechte Behandlung hält noch
tagelang an, und da ich ihn nicht verbal loswerden kann,
beschließe ich, mein ganzes Leid des Nächtens unter der
Bettdecke in meinen Freund, den Laptop, zu hacken. Ich
könnte allerdings auch der Küchenchefin Michelle einen
bitterbösen Brief schreiben, lasse es aber dann bleiben,
denn ich habe ein bisschen Angst vor meiner immer grim-
mig dreinschauenden Vorgesetzten. Dafür werde ich nun
andere Geschütze auffahren – und zwar ganz feige und
hintenherum. Denen werde ich es schon zeigen! Ich mache das Ganze in meinem Buch öffentlich, dann haben sie
den Salat – und vielleicht wird es irgendwann sogar mal
ins Amerikanische übersetzt werden! So grüble ich zornig
auf meinem Sitzbänkchen in der Halle vor mich hin und
schmiede Rachepläne während meiner endlosen Gehmeditationen. Heute Nacht werde ich alles niederschreiben,
jawohl!

Draußen vor der Tür höre ich leise tapsende Schritte
Richtung Badezimmer, das direkt an mein Zimmer grenzt.
Da ist wohl noch ein Nachtschwärmer unterwegs! Es ist
schon nach dreiundzwanzig Uhr, als ich meinen Laptop
unter der Bettdecke hochfahre. Ich fühle mich durch die
ganze angestaute Wut der letzten Tage geradezu ener-
getisiert. Mein Aufgabenbereich während der Arbeitsmeditation ist nach wie vor vom Waschen der schmutzigen
Schürzen und Lappen geprägt. Außerdem häufen sich in
der Lehrer-Jurte die kleinen Zettelchen der »Meister« mit
den geschriebenen Wünschen und Dingen, die ich zusätz-

lich erledigen soll, oder mit Hinweisen auf Fehler, die ich gemacht habe. Immer freundlich im Ton und mit einem extra Smiley versehen, aber dennoch unmissverständliche Anweisungen. Mir steht es echt bis hier oben!

Ich warte auf die charakteristische Klangtonfolge, die anzeigt, dass ich nun loslegen kann. Das Erwachen meines Laptops zum Leben wird zwar durch die Decke gedämpft, doch heute höre ich absolut nichts. Neugierig hebe ich die Bettdecke und ... erstarre! Der Bildschirm des Geräts gibt nur ein wirres Blinken von sich. Mein Herz krampft sich zusammen. Was ist denn nun passiert? Mit zitternden Fingern schalte ich den Computer aus, warte ein paar Sekunden und fahre ihn dann erneut hoch. Dieses Mal ist es mir scheißegal, ob mich jemand hört oder nicht; ich balanciere das Ding auf meinem Schoß und warte gebannt auf ein Lebenszeichen. Doch es kommt nicht. Wieder nur sinnentleertes Geblinke auf der Mattscheibe, als hätte mein treuer Schreibgefährte plötzlich eine Psychose entwickelt oder sonst eine eigenartige Krankheit, die sein Schaltzentrum befallen hat.

Die ganze Nacht über mache ich kaum ein Auge zu, schrecke immer wieder hoch und drücke wie in Trance auf den Power-Knopf, um mich selbst eins ums andere Mal erneut in tiefe Verzweiflung zu stürzen: Mein Computer ist eindeutig hinüber! Und mit ihm vermutlich auch mein Manuskript, das ich aus lauter Faulheit seit Wochen nicht mehr auf dem USB-Stick abgespeichert habe. Ganz zu schweigen von all den anderen Schriftstücken, Fotos und meiner Lieblingsmusik.

Am nächsten Morgen betrete ich vollkommen gerädert die Meditationshalle. Den ganzen Tag über bin ich wie ferngesteuert und mit meinen Gedanken bei meinem

Laptop, der, wieder verpackt in seiner schwarzen Trage-
tasche, versteckt unter dem Bett in meinem Zimmer liegt.
Ich überlege schon, ob ich mich nicht heimlich aus dem
Zentrum schleichen soll, um im nahegelegenen Fairfax einen Computerspezialisten aufzusuchen, der sich meiner
Not annimmt. Doch morgen möchte ich erst einmal mit
Carol sprechen. Ich werde ihr meine Sünden beichten, ihr
von meinem Missgeschick erzählen und abwarten, was sie
mir rät. Ein bisschen Bammel habe ich schon, denn ich
habe ja eindeutig gegen die Regeln des Hauses verstoßen.

Und so schleiche ich anderntags mit hängendem Kopf
und noch tiefer hängenden Schultern in das kleine Sprech-
zimmerchen, wo Carol schon lächelnd auf mich wartet.
Natürlich sieht sie gleich, dass etwas nicht mit mir in
Ordnung ist. Als ich allerdings mit der Sprache heraus-
rücke und sie so an meinem grausamen Schicksal teilhaben lasse, bricht sie in schallendes Gelächter aus.

»Tja, meine Liebe, das haste nun davon!«, sagt sie kichernd und wischt sich die Lachtränen aus dem Gesicht.
»Ich bitte dich nur jetzt eindringlich, dass du aus der Geschichte das Beste machst und die Gelegenheit nutzt, um
dir ganz genau anzusehen, was es mit dir macht, wenn
plötzlich im wahrsten Sinne des Wortes alles zusammen-
bricht.«

Sie findet also das, was mir vorgestern Nacht passiert
ist, nicht weiter schlimm, so viel ist klar, und denkt nicht
im Traum daran, mich zu trösten. Im Gegenteil, sie bittet mich, das Gelände nicht zu verlassen, um Hilfe zu suchen – woher weiß sie, dass dies mein erster Gedanke
war? –, sondern rät mir, nun all meine inneren Nöte, die
mit dem Zusammenbruch meines Laptops einhergehen,
auszuhalten und genau zu beobachten.

Meine Angst beispielsweise, dass die Arbeit von vielen Wochen, also mein aktuelles Buch, vielleicht für immer flöten gegangen ist. Mein unerfindliches Gefühl, dass mir der Boden unter den Füßen weggezogen worden ist, in dem Moment, als erstmals das Geflimmer und kein geordnetes Bild vor meinen Augen auftauchte. Der Verlust von etwas sehr Wichtigem im Leben – und sei es eben nur ein funktionierender Laptop. Meine Wut, dass etwas nicht so klappt, wie ich das will – und der damit einhergehende Kontrollverlust. All diese Dinge und Befindlichkeiten könnte ich mir nun im Schweigen ganz genau betrachten, wenn ich wollte.

Mittlerweile habe ich doch tatsächlich bei Carols kleinem Vortrag zu heulen angefangen. Mir wird klar, wie viel an so einem Geschehen, wie dem vermeintlich unspektakulären Zusammenbruch eines Computers, emotional dranhängen kann und dass ich im normalen Leben meist einfach darüber hinweggehe, indem ich schnell eine Lösung für das Problem suche, um all das, was darunter an Empfindungen liegt, nicht fühlen zu müssen. Ein bisschen beschämt und leicht geistesabwesend drücke ich meiner verdutzten Lehrerin mein tränenfeuchtes Taschentuch in die Hand, um mich draußen nahtlos in die Reihe meiner langsam im Gehen vor sich hin meditierenden Mitmenschen einzufügen – und um mich meinem Elend so richtig hinzugeben.

In den folgenden noch verbleibenden zwei Wochen schwanke ich wegen meines Laptops regelmäßig zwischen den verschiedensten Zuständen hin und her wie das sprichwörtliche Fähnchen im Wind. An manchen Tagen fühle ich mich wie von einer Last befreit: All das virtuelle Zeug ist nun von meinem Schultern genommen und in

Sachen Manuskript wird sich sicher auch eine gute Lösung finden! Ich bin heiter und gelassen und habe das herrliche Gefühl, im Hier und Jetzt – oder in dem, was ich mir darunter vorstelle – angekommen zu sein. Das wahre Leben findet schließlich außerhalb von Gigabites und Datenbahnen statt!

Dann wieder überfällt mich hinterrücks eine regelrechte Panikattacke, die mir einreden möchte, dass ich ohne meinen Zugang zum Internet gnadenlos in der Neuen Welt, also hier in den USA, untergehen werde, und zwar vollkommen vereinsamt und ohne die Chance, meine Freunde und Verwandten zu Hause vorher noch einmal kontaktieren zu können. An diesen Tagen fühle ich mich sehr allein und bewege mich zitternd und ängstlich durch den meditativen Tagesablauf hier in Spirit Rock. Ich sehe mich dann schon hoffnungslos verarmt, weil mich mein Verlag mangels rechtzeitiger Buchabgabe aus dem Programm genommen hat.

Im Grunde vergeht also kein Tag, an dem ich nicht an diesen Scheiß-Laptop denke. Erst als ich beschließe, das unleidliche Ding in den Kofferraum meines gemieteten Autos, das unterhalb des Zentrum geparkt ist, zu verbannen, geht es mir ein bisschen besser und es wird mir leichter ums Herz. Und dann sind es letztlich auch noch tatsächlich diese von mir so verfluchten Schürzen und Geschirrhandtücher – im Grunde auch noch die Auslöser der gesamten Laptop-Misere –, die mir zu einer tieferen Einsicht in die Zusammenhänge des Lebens verhelfen.

Gerade läuft der Schleudergang für die letzte Fuhre Wäsche für heute. Nachher muss ich in der Jurte noch Klarschiff machen, dann ist mein Pensum erledigt. Ich lehne an einer der Maschinen und träume ein bisschen ins Blaue hinein. Die letzten Tage waren ganz schön anstrengend: Was man alles so erlebt im Schweigen, man mag es kaum für möglich halten. Von wegen langweilig und öde! Von außen betrachtet mögen die Tage und Wochen hier einförmig wirken, aber eigentlich ist man pausenlos beschäftigt, und das rund um die Uhr – vor allem innerlich!

Die Waschmaschine gibt sich einen letzten kleinen Ruck, dann ist das Programm durchgelaufen. Ich packe beherzt den großen, feuchten Haufen und verfrachte ihn aus dem Inneren der Trommel direkt hinüber in die Tiefen des nebenstehenden Trockners. Die restliche, fertige Wäsche wartet bereits knochentrocken auf meine emsigen Hände, um zusammengelegt und in den bereitgestellten Wäschekörben gestapelt zu werden. Also reiße ich mich aus meinen Tagträumen und beginne, das erste Geschirrtuch zu falten. Meine Handinnenflächen streichen über die raue Oberfläche des Tuches. Du meine Güte, wie oft das arme Ding wohl schon in seinem Leben gewaschen worden ist? Wie viele Porzellan- und Glasoberflächen es wohl schon trockengerieben hat? Wie oft es wohl schon über feuchte Oberflächen und verdreckte Tischplatten bewegt wurde? Unzählige Male wurde es benutzt, um danach achtlos in die Wäschetrommel gepfeffert zu werden. Und keiner hat wohl jemals genauer hingesehen.

Sofort fallen mir natürlich wieder meine Erfahrungen mit allerlei Alltagsgegenständen im buddhistischen Kloster von Plumvillage ein. Wie war das gleich mit meinen Toiletten damals? Auf die setzt sich auch jeder nur drauf, um in der Regel so schnell wie möglich sein Geschäft zu verrichten. Die Vorstellung, dass mein zu putzendes Klo ein belebtes Wesen und nicht einfach nur ein Ding ist, war für mich damals bahnbrechend.

Ich halte das rote, schon hoffnungslos verwaschene und an den Rändern ausgefranste Tuch immer noch in meinen beiden Händen – und beginne es plötzlich mit anderen Augen zu betrachten. Ohne dieses geduldige Tuch wäre die Arbeit in der Küche um einiges beschwerlicher. Immer gibt es irgendetwas zum Wischen und Saubermachen. Tücher und Lappen sind in einer Küche einfach unabdingbar und werden ständig benötigt. Und man braucht auch jemanden, der sie ab und zu mal wäscht, oder? Hey, ich werde hier eindeutig gebraucht! Meine Arbeit ist wichtig, denn ohne mich, diesem kleinen Zähnchen im Getriebe des Ganzen, würde der Laden hier zusammenbrechen. Nein, ernsthaft: Ich stelle wieder einmal fest, dass jede Arbeit, und sei sie von außen her betrachtet noch so nichtig und einfach, einen Sinn hat, der zum Funktionieren des Großen und Ganzen genauso wichtig und bedeutungsvoll ist wie beispielsweise die Arbeit meiner geliebten und ein bisschen gefürchteten Küchenmanagerin.

Freilich bin ich als Person, die diese Arbeit verrichtet, austauschbar, aber mein Tun an sich ist nicht weniger wertvoll als die anderen Tätigkeiten, die ich im Moment vielleicht viel lieber machen würde, wie z. B. Kochen, Gemüse schneiden oder am meinem Manuskript herumbasteln. Und jetzt kommt's: Auch das Schreiben meines Buches, dessen Vervollkommnung ja mangels Laptop im Moment vollkommen auf Eis gelegt ist, ist im Grunde nicht wichtiger als das Waschen und Zusammenlegen von hundert bunten Küchenhandtüchern. Es füttert lediglich ein bisschen mehr meinen Stolz und befriedigt mein Bedürfnis nach Anerkennung und Bewunderung. Wenn ich jetzt aus lauter Frust meine Arbeit als Wäscherin hier in der Waschküche und Mädchen für alles in der Jurte – die Lehrer nennen mich übrigens auf ihren Zetteln immer Jurten-Engel! – hinschmeißen würde, müsste sich jemand anderes dieser Arbeit erbarmen. Ein wichtiger Platz im Getriebe wäre vorerst nicht besetzt.

Diese Erkenntnis verändert in meinem Herzen mit einem Mal alles: Ich merke, wie ich innerlich loslasse und mich nicht mehr an Dinge klammere, die ich momentan eh nicht haben oder erreichen kann. Da, wo ich gerade bin, da bin ich richtig – das ist wohl das ganze Geheimnis dieses verflixten Hier-und-Jetzt-Gelabers. Von nun an mache ich einfach im Stillen weiter meine Arbeit. Und nicht nur das, ich finde zunehmend Freude an diesen einfachen Handgriffen, immer mit dem Wissen, dass man mich hier auf diesem Posten braucht. Mein Laptop ist gut im Kofferraum meines Autos aufgehoben, um ihn werde ich mich kümmern, wenn es so weit ist. Klar schießen mir weiterhin immer wieder mal Gedanken durch den Kopf, was wäre, wenn wirklich alles unwiederbringlich von der Festplatte verschwunden ist, aber ich versuche mal mehr, mal weniger erfolgreich nicht darauf aufzuspringen und diesen Zug durchrauschen zu lassen. Meine Handtücher und Putzlappen brauchen mich!

Und so vergehen die Tage und Wochen hier in Spirit Rock von außen betrachtet eher eintönig und immer gleich, von innen her aber fast schon wie im Fluge und so spannend und ereignisreich, dass ich streckenweise kaum mehr folgen kann. Meine Entschleunigung in den äußeren Begebenheiten von Spirit Rock ermöglicht, dass sich in meinem Innersten Prozesse entfalten, die ich kaum für möglich gehalten habe. Alte Gefühle ploppen hoch und brechen sich Bahn. Der Absturz meines Laptops wird so immer mehr zum Segen für mich, denn unter Carols sanfter Anleitung beginne ich, mir all meine Emotionen, die damit einhergehen, genau und liebevoll anzusehen – was mir mal mehr, mal weniger leicht gelingt.

Die äußere Form des Meditationsrhythmus, also der permanente Wechsel von Sitzen und Gehen, bildet einen stabilen Rahmen, der mir hilft, nicht auszuflippen oder mich in den stärkeren Gefühlen, die hochkommen, zu verlieren. Ich werde immer wacher und sensibler für mich, für meine Umwelt und auch für die Menschen um mich herum, obwohl ich ja genau genommen keinen direkten Kontakt mit ihnen pflege. Ich beginne, ihre Schwingungen zu spüren, und kann ganz genau sagen, ob meine Sitznachbarin, eine zarte, kleine Inderin, einen guten Tag hat oder nicht, ohne ihr ein einziges Mal während der gesamten Zeit über in die Augen zu blicken.

Als wir zwei uns nach Ende des Retreats erstmals gegenüberstehen, bleibt uns beiden die Sprache weg. Wir sehen uns an, dann breitet sie ihre Arme aus und umarmt mich innig. »Thank you for being next to me!«, flüstert sie in mein Ohr. Mehr an Worten bedarf es nicht, ich fühle genau dasselbe. Ihr beständiges und aufrechtes Sitzen in tiefem Schweigen über all die Wochen neben mir hat mir Halt gegeben, wenn ich mich auf meinem Bänkchen gequält habe, und hat mich inspiriert und beflügelt in den Tagen, an denen mir das Sitzen leicht fiel. Immer habe ich verstohlen Ausschau nach ihr gehalten, im Speisesaal oder auf den Gehwegen im Gelände rund um die Mediationshalle. Und sie hat es genauso gemacht. Wir haben aufeinander aufgepasst und einander unterstützt, ohne je ein

Wort miteinander gesprochen oder uns mit einer Geste berührt zu haben. Und jetzt laufen uns beiden Tränen der Dankbarkeit über die Wangen.

Mein Hier-und-Jetzt-Erlebnis damals auf der Bank zeigt sich übrigens in seiner überwältigenden Form bis zum Ende des Retreats leider nicht mehr. Und so weicht der anfänglichen Jagd nach einer Wiederholung dieses Moments schön langsam eine Art innere Gelassenheit. Ich bin dankbar, dass ich dieses schöne Geschenk erhalten habe, und nehme schlichtweg meinen inneren Bahnhof wieder in Betrieb – was bleibt mir auch anderes übrig, schließlich hat er sich trotz so mancher Bemühungen im Gespräch mit Carol und einem fast platt gesessenen Hintern in der großen Halle nicht in Luft aufgelöst. Und trotzdem hat sich etwas spürbar verändert, doch das bemerke ich erst ein bisschen später, als ich Spirit Rock längst den Rücken gekehrt habe und das banale Alltagsleben bereits wieder hartnäckig versucht, mich in seine Fänge zu verwickeln.

Eine Woche später, nachdem ich Spirit Rock verlassen und mich wieder einigermaßen in das »normale Leben« integriert habe, fahre ich dann natürlich doch zu Mohammed, einem Computerspezialisten in Fairfax. In den ersten Tagen nach dem Retreat bin ich kaum in der Lage, einkaufen zu gehen, geschweige denn, mit dem Auto zu fahren; alles kommt mir plötzlich so rasend schnell vor. In den Supermärkten fühle ich mich ob der Fülle an Angeboten total überfordert. Im Grunde ist ja ein amerikanischer Discounter an sich schon im Normalzustand eine Herausforderung für alle Sinne – all diese Verpackungen in Übergröße! –, doch jetzt wird mir buchstäblich schwindelig von all den Menschen, Gerüchen und bunten Waren, die sich in den Regalen und Auslagen stapeln. Also lasse ich es auf Anraten meiner Freunde, die mich nach dem Retreat in ihrem Haus unterhalb von Spirit Rock beherbergen, erst einmal langsam angehen.

Ein paar Tage später setze ich mich dann doch beherzt in meinen Mietwagen, den unglückseligen Laptop immer noch unangetastet im Kofferraum, und mache mich auf den Weg ins nahegelegene Fairfax, jener Kleinstadt nördlich von San Francisco, wo auch mein Freund Ed Brown lebt.

Dort, in Mohammeds Computerladen, bewahrheiten sich dann allerdings die schlimmsten Befürchtungen nun aufs Katastrophalste: Alles ist futsch, und zwar auf Nimmerwiedersehen. Die Festplatte hat ihren Geist tatsächlich komplett aufgegeben und sich ins Nirwana verabschiedet. Welch eine Ironie, denn während ich in Spirit Rock mühsam über Wochen hinweg versucht habe, meinen Geist zu klären, gelang das meinem Computer wohl auf Anhieb.

Und so stehe ich nun wartend in Mohammeds Laden, in dem ein Chaos herrscht, das ich noch gut von meinen ersten Tagen in Spirit Rock her kenne, während sich der Inhaber und Spezialist dieses Etablissements nun über den »Patienten« beugt, um ihn hochzufahren. Allerdings befand sich mein eigenes Chaos damals eher im Kopf, denn mein karges Zimmer im Meditationszentrum bot wenig Gelegenheit zur »Vermüllung«. Doch spätestens seit meiner Entrümpelungsphase vor ein paar Monaten zu Hause in meiner Wohnung weiß ich, dass man durchaus von der direkten Umgebung eines Menschen auf sein Innenleben schließen könnte. Doch dazu habe ich jetzt keine Lust, ich bin anscheinend etwas milder im Urteil anderen Menschen gegenüber geworden. Dies bemerke ich erstaunt und ich freue mich darüber. Und nichtsdestotrotz ist Mohammed inmitten seines kreativen Chaos ein fähiger Mann, der sich auf seinem Gebiet richtig gut auskennt, doch meinen Laptop bekommt er leider auch nicht mehr zum Laufen.

Diese traurige Nachricht teilt er mir mit einem bedauernden Schulterzucken nach geraumer Zeit mit, in der er mehrfach das kaputte Ding an- und ausgeknipst hat, um zu guter Letzt auch noch die Festplatte – oder was auch immer – aus dem Bauch des Geräts zu pfriemeln und sie unter grellem Lampenlicht genauer begutachten zu können. Die Diagnose ist nach wie vor vernichtend und ich stehe immer noch da und warte darauf, dass ich nun gleich heulend zusammenbrechen werde – wie damals im Sprechzimmer von Carol. Doch nichts dergleichen geschieht. Es ist, wie es ist, und es ist absolut nichts mehr zu machen. Punktum!

Zu meiner eigenen Überraschung beginne ich zu lachen, und Mohammed, der sicher schon ängstlich darauf gewartet hat, dass ich hysterisch in seinem Laden zusammenbrechen werde – jedenfalls sprach sein Gesicht eben noch Bände –, holt tief Luft und stimmt erleichtert mit ein. Wir lachen, bis uns die Seiten wehtun … und dann überreicht er mir eine Rechnung, die sich gewaschen hat. Tja, so ist das Leben wohl, nicht einmal einen soliden Lachkrampf bekommt man heutzutage mehr gratis!

Susanne lebt einfach

Ein Fazit

Vor mir auf dem großen Herd stehen gleich drei Pfannen nebeneinander, in denen jeweils ein Stückchen Butter zischend und blubbernd schmilzt. Es muss schnell gehen heute, drei Rühreibestellungen gleichzeitig kamen eben rein. Ich verquirle die Eier in einer großen Schüssel, gebe einen kräftigen Schuss Sahne dazu und würze alles mit grobem Pfeffer und Salz. Seit meiner Rückkehr aus Amerika vor ein paar Monaten koche ich nun zweimal die Woche in diesem Café hier, direkt hinter der Münchner Uni. Wir sind in ganz Schwabing berühmt für unsere fluffigen und zarten Rühreier – ab neun Uhr morgens, wenn wir öffnen, ist der Laden meist gerammelt voll mit Studenten und anderen Gästen, die bei uns frühstücken wollen.

Ich lasse die Eier in die heißen Pfannen gleiten und beobachte, wie sie zu stocken beginnen; die Hitze reduzieren und erst einmal nicht umrühren, das ist jetzt ganz wichtig. Um mich herum wuselt es in der Küche: Teller werden zur Ausgabe vorbereitet, im Ofen backen Scones und Croissants vor sich hin, meine Chefin röstet Kokosflocken und Nüsse fürs hausgemachte Müsli. Die Atmosphäre ist trotz aller Hektik entspannt und freundlich.

Unsere Küche ist zum Gastraum hin offen und so kommen ab und zu einige Gäste nach dem Essen zu uns an den Tresen, um sich bei uns zu bedanken oder um uns ein Lob auszusprechen. Und nicht selten kommt dann auch die begeisterte Frage: »Was ist in den Rühreiern außer den Eiern denn noch drin? Sie schmecken so besonders!« Und unisono schmettern wir dann alle die Antwort: »Liebe!«

Als ich nach diesem einem Jahr, in dem ich versucht habe, so einfach wie möglich zu leben und zudem auch noch ein besserer Mensch zu werden – kein leichtes Unterfan-

gen, wie man unschwer den vorangegangenen Seiten ent-
nehmen konnte –, all meine Erlebnisse Revue passieren
ließ, fiel mir relativ schnell auf, dass es in den vergangenen
zwölf Monaten im Grunde eigentlich immer um die Liebe ging: Liebe zu den Menschen, zu den schlichten Dingen
und Alltagsgegenständen des Lebens, zur Natur, den Tieren und Pflanzen und letztendlich und vor allem die Liebe
zu mir selbst.

Ich habe herausgefunden, dass ein sogenanntes »einfaches Leben« Bescheidenheit und Demut zur rechten Zeit
bedeutet, und es erfordert zuweilen Verzicht, Stille und
Rückzug, um sich auf sich selbst besinnen zu können, damit man unaufgeregt und ruhig aus seiner Mitte heraus
handeln und anderen Menschen wirklich begegnen kann.

Ein einfaches Leben misst schlichten Tätigkeiten und
Verrichtungen den gleichen Stellenwert bei wie den großen Dingen und Aufgaben des Lebens und wertet und unterteilt nicht in gut oder schlecht, das habe ich vor allem
von meinen Lehrerinnen und Lehrern in Plumvillage und
Spirit Rock gelernt und damit meine ich nicht nur Menschen, sondern auch Tiere, wie die Kühe meiner Schwester, Toiletten, alte Geschirrhandtücher und verschrumpelte Zwiebeln, die uns auf unseren Lebenswegen begleiten.

Der Entschluss, einfacher und besonnener zu leben,
führt zu mehr Freundlichkeit und Mitgefühl mit sich selbst
und damit in der Folge auch anderen gegenüber und weist
somit zwangsläufig den Weg hin zu einem »besseren Leben« im Einklang mit der Welt und mit einem ehrlichen
Kontakt zu all den Wesen, die auf ihr leben. Dass dies alles jedoch leicht, also »einfach« umzusetzen ist, das hat
wahrlich niemand behauptet, und ich kenne die Schwierigkeiten nun auch aus eigener Erfahrung!

Ich liebe es, Rühreier zuzubereiten; sie sind so einfach. Das Ei an sich ist bereits vollkommen, ich kann lediglich noch mein ganzes Herz und die größte Sorgfalt, die mir möglich ist, mit einbringen, damit daraus etwas Spezielles werden kann, denn etwas Besonderes ist es von Natur aus schon.

In den vergangenen Monaten habe ich auf der Alm meiner Schwester gelernt, dass so ein Ei an sich überhaupt nicht selbstverständlich ist. Es braucht ganz bestimmte Bedingungen, damit es entstehen kann: Michaela und ich mussten auf unsere Hühner aufpassen, sie mit ausreichend Futter versorgen und sie so gut wie möglich hegen und pflegen. Und selbst dann dauerte es noch einige Zeit, bis eines der Hühner den heiß ersehnten Anfang machte und sein erstes Ei in den Stall legte. Hühner sind nämlich im Grunde auch nur »Menschen«, besser gesagt fühlende Lebewesen, die eine angestammte Zeit der Eingewöhnung in einer neuen Umgebung brauchen, bis sie dann genug Vertrauen haben, um mit dem regelmäßigen Legen beginnen zu können.

Ich weiß jetzt auch, wie viel Kraft und Einsatz selbst die einfachsten Dinge des Lebens oft brauchen – man denke nur ans Wasserschleppen und Holzhacken droben auf meiner Hütte gleich zu Beginn meines Experiments! –, und ich weiß auch um die Freude, die in solch vermeintlich simplen Tätigkeiten und Erfahrungen stecken kann.

Das Rührei, das ich da nun gerade für einen meiner wartenden Gäste geschickt in seiner Pfanne wende – ich muss aufpassen und wachsam genug sein, damit die beiden anderen nicht nebenbei anbrennen –, stellt im Grunde auch eine Reduzierung auf das Wesentliche dar; ein schlichtes, ehrliches Gericht ohne viel Schnickschnack und Pipapo.

Verzicht und der daraus resultierende Blick aufs Wesentliche in meiner unmittelbaren Umgebung waren im letzten Jahr mitunter das Schwierigste für mich. Am meisten hat mich wohl der »Verzicht« auf ein Leben in Fernbeziehung mit Justus getroffen. Aber auch der Entschluss, meine Wohnung zu entrümpeln, und die Entscheidung, für eine ganze Weile in einem Meditationszentrum in die selbst gewählte Stille zu gehen, brachten mich unweigerlich dazu, mich mit meinen tiefsten inneren Ängsten auseinanderzusetzen.

Denn auch wenn im Außen schlichtweg »nur« mein Laptop im Meditationszentrum das Zeitliche segnete oder es beim Aussortieren »nur« darum ging, mich von lieb gewordenen Büchern oder gar von einer einzelnen DVD zu trennen, meine Seele hatte streckenweise ganz schön damit zu kämpfen. Das Loslassen ist wohl die Hauptzutat für ein einfaches Leben; und das Öffnen des eigenen Herzens für sich selbst und die anderen ist das Wichtigste auf dem Weg, ein besserer Mensch zu werden.

Ich übe beides immer noch. In manchen Bereichen fällt es mir wirklich schwer und ich lebe deshalb weiterhin weder einfach noch bin ich – und das gestehe ich wirklich sehr ungern – immer nett zu meiner Umwelt und zu meinen Mitmenschen. Mein Herz verschließt sich leider immer wieder. Aber ich versuche, mein Bestes zu geben – und das tun wir doch alle irgendwie, oder? Mal mehr, mal weniger erfolgreich!

Die Eier sind an ihre Bestimmungsorte, sprich an die entsprechenden Tische, rausgegangen und beglücken nun hoffentlich ein paar hungrige Gäste. Ich mache meine Pfannen sauber, dabei spüre ich in meinen Körper hinein und fühle eine leichte Verspannung in meinen Schultern. Ich bin wohl doch ein bisschen in Stress geraten, kein Wunder bei dem Ansturm heute. Ich lächle meinem Nacken besänftigend zu und schrubbe die klebrigen Reste von Eiern und Fett von den Pfannenböden.

Bei der letzten Pfanne, die ich gerade ins schaumige Becken tauche, erinnere ich mich plötzlich wieder an meine »Babys« in Plumvillage, dem Zenkloster in Südfrankreich. Ich muss grinsen bei dem Gedanken an Anne. Neben ihrer Leidenschaft für die kleinen Dinge des Lebens ist mir vor allem ihr reicher Schatz an Geschichten in Erinnerung geblieben, den sie, sehr zu meiner Freude, oft und gerne während des Kloschrubbens mit mir teilte. Und so endet dieses Buch mit einer ihrer Lieblingsgeschichten, mit einer Parabel über den wirklichen Wert der Dinge:

Ein reicher Kaufmann des Orients, nennen wir ihn Mehmed, besaß einst einen großen, roten Rubin. Im ganzen Land ging die Sage um, dass dies der wertvollste und größte Rubin auf der ganzen Welt sei und Mehmed, der allerlei Gold und Edelsteine zu seinem großen Besitz zählen durfte, behütete diesen Stein wie seinen Augapfel. Für Mehmed war der Rubin nicht nur rein materiell gesehen sein wichtigster Besitz, sein Herz hing auch an dem funkelnden, blutroten Stein; er liebte ihn genauso sehr wie eines seiner zahlreichen Kinder, die laut und lärmend sein palastartiges Zuhause bevölkerten.

Jeden Tag holte der Kaufmann den wunderschönen Rubin aus seiner Schatulle aus kostbarem Elfenbein, um ihn zu betrachten und sich an seinem Funkeln und Glitzern zu erfreuen. Beim Anblick des roten Feuers, das der einzigartige Rubin versprühte, ging dem sonst so nüchternen Kaufmann das Herz auf. Eines Tages jedoch bemerkte Mehmed beim Drehen und Wenden des Rubins im sanften Lichtstrahl der Abendsonne, der durch das Fenster fiel, einen großen, dicken Kratzer auf der Oberfläche seines Herzstücks. Ihm stockte der Atem und Schweiß brach aus allen Poren seines Körpers. Mit diesem Kratzer war sein Stein mit einem Mal wertlos geworden – und zudem seiner unglaublichen Schönheit beraubt. Das Wertvollste, aber auch das Schönste, was Mehmed jemals besessen hatte, war nun in seinen Augen befleckt und unansehnlich geworden.

Wer den Kratzer verursacht hatte, ein Diener, eines seiner Kinder oder gar er selbst, konnte im Nachhinein nicht mehr herausgefunden werden, und so begab sich Mehmed auf die Suche nach einem kundigen Goldschmied, der seinem Stein wieder zu neuem, makellosem Glanz verhelfen sollte. Doch in jedem Laden, den er in der Gasse der Juweliere und Goldschmiede seiner Heimatstadt aufsuchte, bekam er auf seine Bitte hin das Gleiche zu hören: »Tut mir leid, mein Herr, da ist nichts mehr zu machen. Der Stein ist unwiderruflich beschädigt!«

Mit der Zeit und mit all den mitleidigen Absagen, die er einkassieren musste, wurde unser Kaufmann immer verzweifelter. Doch einen Laden gab es noch, ganz hinten am Ende der langen, engen Gasse – seine letzte Hoffnung. Als Mehmed den kleinen Verkaufsraum des Goldschmieds betrat, wollte er fast schon wieder auf dem Absatz kehrtmachen, so schäbig und heruntergekommen sah die Einrichtung aus. Und auch der alte Mann, der nun aus dem Halbdunkel des hinteren Teils der Werkstatt ins dämmrige Licht trat, wirkte auf ihn nicht sehr vertrauenerweckend. Doch Mehmed war so am Ende, dass er sich ein Herz fasste, den Rubin aus seiner Tasche fischte und ihn dem Greis unter die lange Nase hielt.

Der alte Goldschmied hielt den Rubin mit seinen langen Fingern in das schummrige Licht, das durch die schlierigen Scheiben des Schaufensters seines Ladens fiel, und sagte: »Ja, da kann ich was machen! Kein Problem, mein Herr!« Mit dieser Antwort hatte Mehmed eigentlich gar nicht mehr gerechnet und ihm fiel im wahrsten Sinne des Wortes ein Stein vom Herzen. Er würde seinen alten Stein wiederbekommen, was für eine Freude! In einer Woche könne er seinen Rubin wieder abholen, erklärte ihm der Goldschmied lächelnd, bevor Mehmed beschwingt den Laden verließ.

Acht Tage später stand Mehmed bereits am frühen Morgen vor der verschlossenen Tür des Meisters, um ungeduldig darauf zu warten, bis dieser endlich aufsperrte. Drinnen griff der Alte dann unter die Ladentheke und holte den Stein hervor; langsam ließ er ihn in die zittrigen Hände des Kaufmanns gleiten, der den Stein sofort vor seine Augen ins Licht hielt, um ihn von allen Seiten begutachten zu können. Da stockte ihm mit einem Mal der Atem, genau wie damals, als er die riesige Verletzung auf dem Rubin entdeckt hatte. Doch da, wo vormals der unschöne Kratzer die Oberfläche verunstaltet hatte, erblühte nun eine Rose, gekonnt und unendlich fein in den Stein geritzt; und den Stängel der filigranen Blüte bildete jetzt der ehemalige Kratzer, der als solcher überhaupt nicht mehr zu erkennen war.

Still und tief berührt wandte Mehmed den Blick zum Alten, der zart lächelnd an seinem Verkaufstresen lehnte und die Reaktion des Kaufmanns beobachtete. Die beiden nickten einander verständnisvoll zu, dann verstaute Mehmed seinen Rubin behutsam in der mitgebrachten Elfenbeinschatulle, legte die vereinbarte Bezahlung auf den Tisch und verbeugte sich vor dem Goldschmied. Danach verließ er leise den Laden.

Danke

Immer wieder mache ich die Erfahrung, dass das Schreiben von Büchern kein Alleingang ist. Doch meistens bleiben die vielen Menschen, die Wertvolles und Bewegendes beitragen, um all die vielen Seiten füllen zu können, im Hintergrund.

Und so bedanke ich mich in erster Linie bei Justus, der mit großem Interesse und einem offenen Herzen dem Entstehen und vor allem den Anfängen dieses Buches beigewohnt hat.

Ich danke meiner Schwester Michaela, die mir erlaubt hat, mich eine Zeit lang bei ihr oben auf der Alm einzuquartieren. Das Leben und die schwere Arbeit auf einem Almboden in den Bergen mitsamt Rindviechern, Kleinvieh und der unberechenbaren Natur ist nicht zu unterschätzen. Oft war ich für dich sicherlich eher ein Klotz am Bein als eine Hilfe im Stall, und trotzdem hast du es gewagt, deine »verrückte« Schwester aus der Stadt bei dir aufzunehmen. Aber dafür durften wir auch manch herrlichen Sommerabend bei einer Flasche Rotwein auf der Veranda gemeinsam verbringen – hab Dank dafür!

Ein besonderes Dankeschön geht an das Meditationszentrum Spirit Rock in Woodacre, Kalifornien. Beth Baker, Retreatmanagerin und Freundin, setzte sich vor Ort mit viel Herz und Liebe für mich ein, damit ich kostenlos an einem Retreat teilnehmen konnte. Im Gegenzug dazu durfte ich vier Wochen lang in der Küche mitarbeiten, was

248

für mich persönlich eine unglaubliche Erfahrung und eine noch größere Ehre gewesen ist.

Das Meditationszentrum Scheibbs in Österreich ermöglichte es mir für die Dauer eines Kurses, als Assistenz des amerikanischen Zenmeisters Edward Espe Brown mitzuarbeiten. Ein zutiefst empfundenes Dankeschön geht deshalb von dieser Stelle aus an Ed, Mathias, Marina und an Feryal – aber auch an alle Gäste und Kursteilnehmer dort. Wir hatten eine unglaublich lustige und interessante Zeit zusammen, die mir mit Sicherheit unvergesslich bleiben wird.

Im Zenkloster Plumvillage (Frankreich) erprobte ich mich zusammen mit meinem Lieblingsclown Anne im selbstlosen Arbeiten und die Waxlmooshütte oberhalb des Tegernsees, meiner ursprünglichen Heimat, ist schon von Kindesbeinen an eine Art Zufluchtsstätte für mich. Vor beiden Orten verneige ich mich in Dankbarkeit.

Ich bedanke mich bei meinen beiden Freundinnen Pille und Heike aus Fischerhude für Brainstorming und Unterkunft während der Hauptphase des Schreibens! Meinem geliebten Fischerhude, einem malerischen Dorf nahe Bremen, in das ich mich immer wieder über Wochen hinweg zum Schreiben zurückziehe, ist dieses Buch auch unter anderem gewidmet.

Ich bedanke mich bei all meinen Kochkursteilnehmern und -teilnehmerinnen für die vielen berührenden Stunden beim gemeinsamen Brutzeln und Backen am Herd. Und bei all jenen Menschen, die mit ihren Geschichten und Anekdoten Einzug in dieses Buch gefunden haben, bedanke ich mich für ihre Freundschaft oder einfach nur für ihre liebevolle Begleitung ein Stück des Weges: Andreas, Carol, Dagmar, Maria und Marie.

Zu guter Letzt danke ich von Herzen jenen, die manchmal vielleicht auch nur im Vorübergehen ein Licht in meiner Seele angezündet haben, das bis heute meine inneren und äußeren Wege beleuchtet. Mit der Hoffnung, dass auch ich mit meinen Büchern das eine oder andere kleine Licht entflamme, trage ich euch alle in meinem Herzen.

Literatur

Baraz, James: Freude. München 2011.

Brown, Edward Espe: Das Lächeln der Radieschen. Zen in der Kunst des Kochens. München 1998.

Crawford, Matthew B.: Ich schraube, also bin ich. Vom Glück, etwas mit den eigenen Händen zu schaffen. Berlin 2010.

Giacobbe, Giulio Cesare: Wie Sie Ihre Hirnwichserei abstellen und stattdessen das Leben genießen. München 2005.

Glassman, Bernard: Anweisungen für den Koch. Lebensentwurf eines Zen-Meisters. Hamburg 1997.

Hauff, Sigrid: Eine Linie in drei Kreisen. Die innere Biografie des Robert Lax. München 1999.

Kingston, Karen: Heilige Orte schaffen mit Feng Shui. Ein Anleitungsbuch. München 2003.

Kornfield, Jack: Das weise Herz. München 2008.

Lax, Robert: Poesie der Entschleunigung. München und Zürich 2008.

Mannschatz, Marie: Buddhas Anleitung zum Glücklichsein. Fünf Weisheiten, die Ihren Alltag verändern. München 2007.

Mannschatz, Marie: Lieben und Loslassen. Durch Meditation das Herz öffnen. Bielefeld 2002.

Remen, Rachel Naomi: Aus Liebe zum Leben. Geschichten, die der Seele gut tun. Freiburg 2002.

Schmid-Bode, Wilhelm: Maß und Zeit. Entdecken Sie die neue Kraft der klösterlichen Werte und Rituale. Frankfurt am Main 2008.

Thoreau, Henry David: Walden. Ein Leben mit der Natur. München 2005.

Weber, Andreas: Alles fühlt. Berlin 2008.

Weitere Bücher von Susanne Seethaler

Die echte bayerische Küche /
Traditional Bavarian Cooking

Mehlspeisen aus längst vergangen geglaubten Zeiten, Beilagen wie Blaukraut, Knödel oder Krautsalat, deftige Braten oder der berühmte Obatzde: Dieses Buch versammelt die besten Rezepte der bayerischen Küche – die traditionellen Klassiker, für den kleinen und großen Hunger, für den Biergarten, den Nachmittagskaffee oder für ausgedehnte sonntäglich Schlemmereien ... lassen Sie sich verführen!

144 Seiten mit Fotos, ISBN 978-3-485-01045-0
Zweisprachige Ausgabe: deutsch-englisch!

Vom Glück, mit Liebe zu kochen

Glücklich leben lernen kann man in jedem Augenblick. Anhand alltäglicher Handgriffe beim Kochen erklärt Susanne Seethaler, wie wir unser Leben mehr genießen können. Ein lebensfroher Ratgeber, um die Schönheit in allen Dingen zu entdecken.

136 Seiten, durchg. bebildert, ISBN 978-3-485-01324-6

nymphenburger   www.nymphenburger-verlag.de

Weitere Bücher von Susanne Seethaler

Das Heilwissen der Bauern

Susanne Seethaler hat Bäuerinnen und Bauern zu bewährten Heilmitteln befragt, die von Generation zu Generation überliefert wurden. Sie beschreibt traditionelle und einfach anwendbare Hausmittel für die häufigsten Beschwerden.

144 Seiten, ISBN 978-3-485-01106-8

Das Heilwissen der Frauen vom Land

Überliefertes Heilwissen ist im Alpenraum noch allgegenwärtig, denn auch heute noch müssen sich Sennerinnen und Bäuerinnen oft selbst zu helfen wissen. Susanne Seethaler hat den reichen Erfahrungsschatz an traditionellen Hausmitteln für Frauenbeschwerden aufgezeichnet.

144 Seiten, ISBN 978-3-485-01175-4

Unsere bayerische Lebensart

Tradition wird in Bayern schon immer groß geschrieben. Susanne Seethaler erklärt für Einheimische und »Zuagroaste« echte bayerische Bräuche aus längst vergangenen Zeiten und wie sie heute noch lebendig sind.

304 Seiten, ISBN 978-3-485-01028-3

nymphenburger www.nymphenburger-verlag.de